DR. MED. WOLFGANG BITTSCHEIDT

DU DECKST MIR DEN TISCH

HEILEN • WISSEN • GLAUBEN

SCHUHL VERLAG

ISBN 3-00-015591-0
1. Auflage 03/2005

Umschlagbild: Florian Reiche

Meinem Jugendfreund
Medard Kehl gewidmet

INHALT

A STARTBLÖCKE

„Wir können nicht mit einem begrenzten Denken die Probleme des Unbegrenzten lösen.“

(N. N.)

Von Aufbruch und Sinnfindung

Wie ein Arzt zum Heiler wird, darauf kann ich Ihnen keine allgemeingültige Antwort geben, aber ich kann Ihnen meinen Weg darstellen. Er begann bei meiner eigenen Krankheit und führte mich nach einem erfolglosen Umweg über die Schulmedizin auf geistigem Wege zur Heilung.

Das, was ich auf diesem Weg erlebte, faszinierte mich. So fragte ich meine Heiler, ob sie mich in ihre Arbeitsweise einführen könnten. Sie haben es auf unterschiedliche Weise getan und von unterschiedlichen Ansätzen aus.

So stand ich am Beginn des Gebrauches geistiger Heilweisen mit vielen Fragen und Möglichkeiten da, mit vielen Aussichten und vielen Anforderungen. Ich musste mich gegenüber meinen mit der Schulmedizin vertrauten Patienten erklären, meinen Richtungswechsel plausibel begründen und mich in das hinein vertiefen, was ich für die Grundlagen des Heilens hielt. Also machte ich mich mit den naturwissenschaftlichen Erklärungsmodellen vertraut und ich vertiefte meine eigene Spiritualität und konnte mich dadurch dem Leid und der Not meiner Patienten viel mehr zuwenden als ich es je zuvor vermocht hatte.

Ich hatte vor dem Beginn meines Weges nie geglaubt, wie viel wir heute von der Wirkungsweise des Heilens mit naturwissenschaftlichen Erkenntnissen zum Teil vermuten, zum Teil erklären können. Aber ich habe auch nicht geahnt, welches Abenteuer und welche Chance zum persönlichen Wachstum es bedeutet, den Weg der inneren Einkehr anzutreten, den Weg zum Grunde des eigenen Herzens, wo wir alles Licht, alle Liebe und alle Kraft finden können, die wir brauchen, um erfolgreiche Heiler zu sein.

Aber was heißt nun eigentlich „Geistiges Heilen“? Eine Definition zu finden tut man sich in der gängigen Literatur schwer. So greife ich auf eine Umschreibung zurück, die sich bei H. Wiesendanger (1997) findet:
„Geistiges Heilen ist ein Oberbegriff für Verfahren, die beinahe nichts verbindet – bis auf eine einzige Gemeinsamkeit: Die bloße Intention zu heilen reicht offenbar häufig aus, Leiden entgegen ärztlichen Prognosen zu lindern oder sogar zu beseitigen; dabei werden keinerlei therapeutische Mittel eingesetzt, die nach gegenwärtigem Erkenntnisstand wirksam sein könnten. Was heilt, scheint purer Geist.“
Während meiner Ausbildung zum geistigen Heiler stieß ich in der betreffenden Literatur immer und immer wieder auf den Begriff der energetischen Heilweisen, ja ich stellte fest, dass geistige und energetische Heilweisen im Sprachgebrauch fast identisch gehandhabt wurden.

Ich fragte Brenda Davies, eine bekannte Heilerin und Psychotherapeutin aus England, die zu jener Zeit Beauftrage des englischen Parlamentes für die Koordination von alternativen und konservativen Heilweisen war und die ich bei Seminaren in Berlin kennen gelernt hatte.
„Was erreichen wir eigentlich mit unserer heilenden Energie, Brenda? Wo kommt sie her, wie wirkt sie?“, wollte ich von ihr wissen. Sie antwortete: „Die Energie, die durch uns hindurchfließt, die wir bündeln, ist für mich göttlichen Ursprungs. Für mich ist es die *universal energy*, denn sie durchdringt das ganze Universum. Wenn wir sie weitergeben, aktivieren wir damit die Selbstheilungskräfte der Patienten.“
Und wie sah nun für mich der Beginn der praktischen Arbeit mit heilender Energie aus (damals glaubte ich noch, es gehe tatsächlich um eine Art Vermittlung von kosmischer heilender

Energie)? Dazu will ich von der Begegnung mit meiner ersten Patientin berichten, die ich bewusst mit „Energie“ behandelte.

Es ist 17.30 Uhr an einem Donnerstag im Februar 1997. Ich sitze im Sprechzimmer in meiner damals rein orthopädisch-chirotherapeutischen Großstadtpraxis. Vor mir sitzt eine Unternehmensberaterin – nicht als Patientin, sondern wir wollen ein gemeinsames Projekt besprechen. Sie ist ca. 45 Jahre alt, attraktiv, Erfolgstyp, erfasst schnell das Wesentliche.

Unser Gespräch dauert etwa eine halbe Stunde, als sie plötzlich den Kopf in den Nacken legt. Sie dreht ihn nach rechts und links. Ob sie etwa Nackenschmerzen habe, frage ich. „Ja“, sagt sie, „wenn ich mich konzentriere, geht's nach ca. 30 Minuten los. Seit meinem Unfall damals vor zehn Jahren. Und jede Nacht wecken mich Kopfschmerzen.“

Ich war seit 25 Jahren Schulmediziner, seit 20 Jahren Arzt für Orthopädie, Chirotherapie und physikalische Medizin und hatte gerade mein zweites Wochenende einer Ausbildung zum Heiler hinter mir. Wie konnte ich dieser Frau auf die Schnelle helfen? In einer weiteren halben Stunde würde ein Taxi sie zum Flughafen bringen, zur Maschine zurück nach Berlin.

Ich stand auf, trat hinter sie und legte meine Hände auf ihre Schultern. „Entspannen Sie sich. Schließen Sie die Augen. Lassen Sie einfach die Gedanken los.“ Sollte es stimmen, dass ich heilende kosmische Energie mit meiner Konzentration auf meine Patienten übertragen konnte? Ich spürte ein starkes Wärmegefühl in meinen Händen. Nach zwanzig Minuten atmete die Patientin tief durch, bewegte ihre Schultern, ihren Nacken, den Kopf. „Es ist wie weggeblasen“, sagte sie leise, „Machen Sie Erste Hilfe immer so, Doktor?“

Es klingelte, das Taxi war da. „Sie hören von mir“, sagte sie, „und fürs Erste vielen Dank!“
Am nächsten Vormittag rief sie mich an: „Die erste Nacht seit zehn Jahren, in der ich durchgeschlafen habe. Wunderbar. Ich möchte bald wiederkommen.“

Eine Jahre später gemachte Erfahrung zeigte mir, in welch tiefe Schichten Geistiges Heilen herabreicht.
Eine 35-jährige Patientin suchte mich auf und klagte über seit fünf Jahren andauernde, stärkste Rückenschmerzen. Sie könne wegen der Schmerzen keine Nacht mehr richtig schlafen und sei demzufolge mit ihren Nerven und ihrer Kondition völlig am Ende. Vor fünf Jahren habe sie einen Bandscheibenvorfall an der Lendenwirbelsäule gehabt und seitdem bestehe dieser quälende Zustand.
Eine Stunde lang konzentriere ich mich auf sie, visualisiere Farben auf ihre Körperoberfläche, lege ihr meine Hände auf und fühle mich in sie hinein. Sie ist über den längsten Teil der Behandlung in tranceähnlichem oder schlafendem Zustand. Während ich ein kurzes Gebet spreche, wacht sie auf, erhebt sich mühsam und verabschiedet sich. Dann verlässt sie die Praxis.
Nach zwei Wochen erscheint sie wieder und berichtet über folgenden Verlauf seit der ersten Behandlung: „Also, Herr Doktor, Sie werden mir nicht glauben, was ich Ihnen jetzt berichte. Schon im Treppenhaus Ihrer Praxis musste ich nach der Behandlung weinen.“
„Warum?“, frage ich, „Waren Sie so traurig?“
„Nein“, sagte sie, „aber ich war so betroffen. Dann habe ich eine Woche immer wieder geweint. Und als ich am achten Tag morgens nach wohltuendem Schlaf erwachte, da wusste ich, heute brauche ich nicht zu weinen. Aber seit diesem Morgen habe ich auch keine Rückenschmerzen mehr gehabt.“

Geistiges Heilen, so weiß ich seitdem und habe es immer wieder bestätigt bekommen, arbeitet in Bereichen, in denen wir ganz unten am Grunde der Krankheit, ich glaube sogar, am Grunde des Lebens angekommen sind. Ich glaube auch, in dieser Schicht unserer Natur findet tatsächlich die Heilung statt.

Wenn wir an unseren Patienten Spuren einer ungewöhnlichen und nicht nachvollziehbaren Wirkung einer heilenden Kraft bemerken, dann drängen sich ja einige Fragen auf: War ich es, der diese Kraft weitergegeben hat? Ist es meine Kraft oder ist es eine Kraft *in mir*, die eigentlich nicht meine eigene Kraft ist? Wo kommt diese Kraft her, aus der „geistigen Welt"? Aus dem Universum, wie Brenda Davies sagt?
Und wir hören, diese Kraft werde in der Heilerszene fast ausschließlich „Energie" genannt oder, damit es etwas menschlich-biologisch aussieht, „Bioenergie". Man hört auch, „Bioenergie" sei göttlichen Ursprungs. Es gibt Lehrbücher für energetische Heilweisen, für bioenergetisches Heilen, für Energieheilung, die unser gesamtes Medizinverständnis umordnen sollen und „zu neuem Leben" führen könnten. Bei manchen dieser Konzepte geht es dann auch um Chakrenheilung oder um Farbheilung, um Quantenheilung. Es geht um Heilen mit Magnetfeldern und um Heilen, bei dem Magnetfelder nur noch als Trägerfeld für die heilenden Wellen eingesetzt werden; es geht um die „geistigen Führer"; und finden wir Ausflüge in Reinkarnationsgedanken und -modelle, – jawohl, auch solche lassen sich zur Erklärung von Krankheiten und manchmal zur Heilung nutzen – dann wird oft ein Verschnitt von westlichem und östlichem und früh-, mittel- und spätgeschichtlichem Glauben und Denken mitgeliefert, so dass sich mir immer das Wort „Einheitsfondue" aufdrängt. Kennen Sie ein Einheitsfondue? Bei ihm sind alle

wunderbaren, leckeren, vielfarbigen, scharfen oder milden, süß-sauren, brennenden, mehligen, cremigen, indischen, chinesischen, spanischen und französischen Saucen zu einer einzigen Sauce vereint, die alle genannten Einzelkomponenten enthält, aber dennoch nicht den Zweck erfüllt, allen Leuten zu schmecken; damit aber auch dies noch erreicht wird, rührt der Zauberkoch etwas Himbeersirup unter, denn süß mag ja nun schließlich jeder.

Wie viele andere hatte auch ich zu Anfang meiner Heilertätigkeit eine Zeit, in der ich mich für einzeln genossene Saucen noch wenig entschieden hatte. Im übertragenen Sinne tat sich hier ein gewisser Widerspruch auf: zwischen meinem christlichen Glauben einerseits und den oft vielschichtigeren Glaubensinhalten, die ich im Umfeld des Heilens häufig kennen lernte, andererseits. Auch in der Auffassung naturwissenschaftlicher Grundlagen war ich, wenn auch recht ausschließlich, so doch wenig differenziert, Anhänger des Energiekonzeptes Geistigen Heilens.

In dieser Phase des Suchens nahm ich an einem Nachmittags- und Abendseminar über „Neue Therapieformen des Wassermannzeitalters“ teil. Die Referentin war Sara, früher erfolgreiche Leiterin eines Reisebüros in Wuppertal, die jetzt eine Lehr- und Begegnungsstätte auf Ibiza unterhält. Was sie vermittelte war doch teilweise recht beeindruckend. So hatte ich bei einer von ihr geführten Meditation den lebhaften Eindruck, mit meiner Vorstellung, mit meinen Blicken, Menschen regelrecht durchleuchten zu können. „Nun ja“, dachte ich, „es ist halt manchmal eben kein Lernen erforderlich, sondern nur ein Sich-Erinnern.“

Gegen Ende des Seminars gehe ich zu Sara und frage sie, ob ich bei ihr weitere Techniken für meine Heilertätigkeit erfahren könne. Sara: „Die Frage ist, ob du einer von uns bist.“

„Wie meinst du das?“
„Nun, ich unterrichte nur Menschen, die auf Sirius schon zu unserer Priesterkaste gehört haben.“
„Und wie kannst du das erfahren?“
„Es genügt, wenn ich dich umarme – dann spüre ich, ob wir uns früher nah gestanden haben.“ Sara umarmt mich etwa zehn Sekunden lang. Ich spüre Wärme, habe aber sonst keine Empfindungen, Bilder oder Einblicke ins Paranormale.
Dann löst Sara die Umarmung, schaut mir freundlich lächelnd in die Augen und sagt: „Du kannst kommen. Du warst früher ein bedeutender Lehrer bei uns.“
Ich habe mich nicht entschieden, ob ich es glaube. Ich finde es ja interessant, aber in solchen Fragen bin ich mir selbst ein sehr kritischer Ratgeber. Später fragte ich Teresa, die Heilerin, mit der ich viel zusammenarbeite: „Teresa, hast du Lust auf weitere Ausbildung?“
„Ach, an was denkst du denn?“
„Therapien des Wassermannzeitalters.“
Nun lächelt mich auch Teresa an. „Weißt du“, meint sie, „wenn du dich damit befassen willst, dann tu es. Oder willst du rasseln und trommeln, als Schamane? Dann rassle und trommle. Oder willst du über die Aura heilen? Dann vertiefe dich in die Aura. Oder willst du die Geister deiner Vorfahren beschwören? Dann beschwöre Sie. Ich aber gehe.“
„Wohin gehst du?“
„Ich gehe meinen geraden Weg auf Gott zu. Ich gebe seine heilende Liebe weiter. Ich lebe meinen Auftrag.“
Ich habe seitdem nicht mehr über Sirius nachgedacht.

Eine ähnlich klare Antwort bekam ich über meine anfangs so häufig gedachte Frage, wie ich denn nun „richtig“ heile. Ich wurde in verschiedene Techniken eingeführt.

Igor: „Leg deine Hand auf den Brustkorb deines Patienten, dann auf den Bauch, dann aufs Becken. Mit dieser Hand überträgst du Energie. Die andere Hand benutze wie einen Radarschirm und nimm energetische Störungen oder das Signal eines normalen Energieflusses auf."
„Kann ich meine Hände nicht im Auraabstand über den Körper halten? Dann spüren meine Handinnenflächen viel mehr Wärme, Kälte, Kribbeln, Hitze ..."
„Nein, das wirkt viel zu indirekt. Es kommt auch kaum auf deine Empfindungen an, du wirst mit deinem ‚inneren Auge' sehen. Also leg die Hände auf und nimm dich nicht so wichtig."
Mir und anderen Schülern, die nach mir kamen, hat Igor dank seiner energetischen Fülle das innere Auge geöffnet, so oft, dass ich mich schließlich fragte, warum es denn immer wieder zu falle.

Ein anderer Heiler sagte mir, ich solle Farben auf der Haut des Patienten visualisieren. Diese Anweisung deckt sich mit mehreren Träumen, in denen ich ähnliche Anweisungen erhalten hatte, allerdings in einer transzendenten Welt, die ich als „Reich des Lichtes" bezeichnen möchte.

Und eines Tages war ich zur Behandlung bei meiner Krankengymnastin Ulrike. Am Ende unserer 40 Minuten fragte sie mich: „Wolfgang, ich bin dermaßen erschöpft, als hätte man mich ausgewrungen. Kannst du mich nicht mit Energie auftanken, sagen wir für eine halbe Stunde?"
„Gern mache ich das", erwiderte ich, „Setz dich nur seitlich auf diese Behandlungsliege, mit dem Rücken zu mir." Ich stand also auf der anderen Seite der Liege; meine Hände lagen erst auf ihren Schultern, dann auf ihrem Kopf, wechselten von dort zu ihren Oberarmen. Ulrike saß vor mir, hatte die Augen

geschlossen und schien zu schlafen. So gerät man während einer Heilmeditation selbst oft leicht in einen tranceähnlichen Zustand. Und wieder ging ich der Frage nach, wie ich „richtig“ heile, was ich mich heute niemals mehr fragen, noch einem anderen dies vermitteln würde.
Gegenüber an der Wand in Ulrikes Behandlungsraum hing eine Uhr, die jetzt 17.25 Uhr anzeigte. Um 17.00 Uhr hatte ich begonnen. Wenn ich in der Vermittlung von Energie wirklich souverän wäre, dann würde ich sie sogar mit meinen Augen und meinen Blicken steuern können. Ich schaute auf Ulrikes linke Schulter; mein Blick glitt an der Außenseite ihres Oberarmes nach unten, ihren Unterarm entlang, von dort auf die Außenseite ihres Kniegelenkes und ihres Unterschenkels bis zum Außenknöchel, und ich sagte mir: „Also, all dies müsste sie spüren. Aber wer kann schon Energie mit den Blicken steuern?“
Nach wenigen Minuten schloss ich die „Behandlung“ ab.
„Wie war's?“, fragte ich Ulrike.
Sie öffnete die Augen und schaute mich an. „Wunderbar war es. Ich bin hier im Raum herumgeschwebt, hatte das Gefühl, ich könnte mich von der Liege bis unter die Zimmerdecke gleiten lassen und wieder zurück. Nur zum Schluss war es ganz komisch. Da war mir, als streiche jemand mit einer Nadel von meiner linken Schulter über die Außenseite meines Ober- und Unterarmes und über meinen Unterschenkel bis zum Außenknöchel. Seltsam.“
„Seltsam“, dachte auch ich verwundert, „Es geht auch mit Blicken.“

Und drei Wochen später war ich zum Abendessen bei Freunden eingeladen. Es war geplant, dass ich nach dem Essen bei der Dame des Hauses eine energetische Behandlung durchführte. Sie litt seit Jahren an einer entstellenden, in

Schüben ablaufenden Hauterkrankung und bis auf Geistiges Heilen hatte die Familie alles versucht.
Nach dem Abendessen räumen also der Hausherr und zwei erwachsene Kinder das Wohnzimmer, ich bleibe mit der Patientin zurück. Sie legt sich auf ein helles Sofa, das vom übrigen Wohnraum durch einen langen Seidenvorhang abgetrennt ist. Ich suche eine passende CD aus und beginne mit der Meditation. Es brennen einige Kerzen, der Raum hat eine ruhige Atmosphäre. Nach einiger Zeit spüre ich: Wir sind nicht allein im Raum. Würde ich klarer sehen können, ein wenig über das Normale hinaus nur, dann würde ich Helfer aus der geistigen Welt sehen, die mich bei meiner Arbeit und unserer Heilmeditation begleiten. „Wie heile ich richtig?", denke ich, „Mit Handauflegen? Mit Visualisieren von Farben? Indem ich die Energie mit meinen Blicken übertrage?"
Und dann steht mir ein Satz vor Augen, irgendwo in meinem Bewusstsein, als hätte man plötzlich einen Projektor eingeschaltet. Und der Satz lautet: „Ich bringe dir die Liebe und die heilende Kraft unseres Herrn Jesus Christus."
Von einem solchen Satz getroffen zu werden, berührt einen tief. Aber wissen Sie, was das Verblüffendste daran ist? Das, was Sie sehen oder hören, halten Sie für die absolute Wahrheit.
Ich wusste von da an, wie ich heilen sollte, worauf es ankommt: nicht auf Handhaltung, nicht auf die Art der visualisierten Farben, sondern auf die absolute Sicherheit, mit der Liebe Gottes zu heilen und den Patienten für diese Liebe zu öffnen.

Lassen Sie uns nun prüfen, welche Voraussetzungen für diesen Weg erforderlich sind, auf Seiten des Patienten und auf Seiten des Heilers. Ist es Biophysik? Ist es Energie oder ist es Information? Oder sind es Liebe und Mitgefühl? Und welche Krankheiten sind für diese Art von Behandlung geeignet?

Doch zunächst will ich auf die Geschichte des Heilens eingehen, will darstellen, wie es heute ums Heilen bestellt ist. Ich werde eine Antwort suchen darauf, welche Rolle die Heilkraft Gottes spielt und um was es beim Heilen eigentlich mehr geht, um Wissen oder um Glauben, um Anwenden oder um Zuwenden, schließlich um das Abklingen von Krankheitssymptomen oder um das wirkliche Heilwerden eines jeden Menschen in seiner Gesamtheit.

B GANZHEITLICHES HEILEN

„Wir finden Tröstungen, wir finden Betäubungen, wir lernen Kunstfertigkeiten, mit denen wir uns täuschen. Das Wesentliche aber, den Weg der Wege finden wir nicht."

(Hermann Hesse)

GESCHICHTE DES HEILENS

In einem zusammenfassenden Buch über Geistiges Heilen ist ein Kapitel überschrieben: „Hat Geistiges Heilen Zukunft?“

Zunächst möchte ich prüfen, ob es bereits im Altertum Geistiges Heilen gegeben hat. Diese Fragen sind sicherlich oft untersucht worden und die relevante Literatur darüber ist hinlänglich bekannt, jedoch glaube ich aus einer Darstellung der Geschichte Geistigen Heilens zu einer schlüssigen Beurteilung der Zukunft Geistigen Heilens kommen zu können. Dabei scheint es mir vorteilhaft, Stationen der Geschichte des Heilens überhaupt oder der „Kunst des Heilens“ nachzugehen und herauszufiltern, ob hier Ansätze des in unserem Sinne verstandenen „Geistigen“ Heilens zu finden sind. Hierbei müssen wir auch berücksichtigen, welche Vorstellungen von Krankheit und Heilung vom Altertum bis heute vorherrschend gewesen sind. Im Bereich der europäischen Kulturen wurden Krankheiten zur Zeit des Mittelalters häufig bösen Geistern, Hexerei, Zauberei und göttlichem oder teuflischem Eingreifen zugeschrieben. Diese Einstellung konnte das christliche Europa bis in das Zeitalter der Vernunft hinein beeinflussen. Andeutungen dieser Einstellung finden sich durchaus noch heute. Einzelne christliche Sekten sehen Krankheit und Heilung unverändert in Zusammenhang mit göttlicher Vorsehung und übernatürlichen Einflüssen auf die Menschen überhaupt. In den großen christlichen Kirchen dagegen finden wir eine eher ablehnende Haltung dem Geistigen Heilen gegenüber, wobei nur in Einzelfällen charismatisches Heilen wieder an Boden gewinnt. Dabei wird im Wesentlichen von einer heilenden Kraft von Gebeten ausgegangen. In der katholischen Kirche werden an entsprechenden Wallfahrtsorten

Marien- oder Heiligenerscheinungen, Reliquien verstorbener Heiliger oder heilungsspendenden Quellen heilende Wirkungen zugeschrieben. Diese Wirkungen sind in einer Vielzahl von Fällen wissenschaftlich bzw. ärztlich bestätigt worden.

Wir finden in der Geschichte des Christentums auch eine begleitende Weiterentwicklung der Auffassungen von Krankheit und Heilung. In der hippokratischen und galenschen Medizin hatte sich zunächst eine mehr naturbewusste Tendenz der Heilkunst durchgesetzt. In der Folgezeit, etwa ab dem frühen 5. Jahrhundert, bekam die Heilkunst unter dem Christentum, der von Kaiser Konstantin eingesetzten Staatsreligion, eine mehr religiöse Ausprägung; diese Linie hielt sich auch unter den Nachfolgern Konstantins. Von nun an begleiteten christliche Lehren und Sakramente die Gläubigen durch ihr ganzes Leben bis in den Tod hinein.
Das Christentum jener Jahrhunderte zog eine Grenze zwischen Körper und Seele. Nach der sich durchsetzenden Auffassung hatte sich die Medizin der Kirche unterzuordnen, ebenso wie die Ärzte; dabei war die Rolle des Arztes eindeutig und recht ausschließlich dem körperlichen Bereich zugeordnet, die Rolle des Priesters dagegen dem seelischen Bereich. Insofern bestand ein klare Trennung zwischen der Heilkunst und dem Glauben bezüglich der Personen, die sie verwalteten bzw. ausübten; mit diesem Phänomen wird man auch heute noch konfrontiert, wenn man sich als Arzt dem Geistigen Heilen widmet.

Im Neuen Testament der Bibel werden viele Arten der Heilung beschrieben, überwiegend geistige, religiös begründete, aber auch weltliche Heilweisen. Einer der prominentesten Persönlichkeiten der Urkirche, der Evangelist Lukas, war Arzt. Die bekanntesten Schutzpatrone der Heilkunst, Kosmas und Damian, waren ausgebildete Ärzte. Sie wurden mit dem griechischen Wort *anargyroi* bezeichnet, da sie für ihre ärztliche Tätigkeit keine Bezahlung annahmen.

In der Apostelgeschichte des Neuen Testamentes wird Heilung im Wesentlichen als Glaubensfrage dargestellt. Sie wird unter Gebeten und durch Handauflegen durchgeführt. Von Jesus Christus sind etwas mehr als dreißig Wunderheilungen überliefert. Man kann nicht sagen, dass Christus seine göttliche Macht durch Heilungen unter Beweis stellte; ein Argument, das man heute öfters im Zusammenhang mit einer Ablehnung Geistigen Heilens durch Vertreter der Kirche genannt bekommt. Mit Sicherheit aber wollte Christus zum Ausdruck bringen, dass Gott selbst ihn mit seiner göttlichen lebensspendenden und heilenden Kraft ausgestattet hatte. So wies er seine Apostel und Jünger an, kranken Menschen die Hände aufzulegen, so dass Krankheiten und Dämonen ausgetrieben würden. Die Gabe des Heilens wurde eindeutig als eine der Gaben des Heiligen Geistes verstanden.

Der berühmte englische Geistheiler Harry Edwards, dem das Geistige Heilen in England seine große Verbreitung und Anerkennung verdankt und der von 1935 bis zu seinem Tode 1976 geistige Heilungen praktizierte, hinterließ das Buch „Praxis der Geistheilung".
Hier schreibt er:
„Das Geistige Heilen ist ein Geschenk Gottes an alle seine Kinder, gleichviel welcher Rasse oder Religion. Sie ist die größte und gewiss auch die geistigste Gabe, die einem Menschen verliehen werden kann. Mit ihrer Hilfe soll der göttliche Plan von der Entwicklung der Menschenfamilie zum Geistigen verwirklicht werden. So bedeutet ein Heiler zu sein eine Aufgabe in Gottes Plan zu übernehmen.

Dies ist eine wahrhaft geistige Aufgabe; und daher sollte ein Heiler seinen ganzen Lebensweg unter hohe Ideale und die ‚Gebote der wahren Nächstenliebe' stellen, die da lauten:
Du sollst keinem Wesen Leid oder Schaden zufügen.
Du sollst dich bemühen, nur zu dienen.
Du sollst duldsam und großmütig in allen Dingen sein.
Du sollst dich bemühen, in jeder Lage dein inneres Gleichgewicht zu bewahren.
Du sollst gegen diejenigen, die dir Unrecht zufügen, keine Hass- und Rachegedanken hegen, denn wenn du das dir zugefügte Unrecht in den richtigen Blickwinkel rückst, so erkennst du, wie verhältnismäßig unwichtig es ist.
Du sollst dich von verleumderischem Geschwätz fernhalten; und, was ebenso wichtig ist: Du sollst Ehrfurcht und Fürsorge haben für alle lebende Kreatur, sie vor Grausamkeit beschützen und sie als deine ‚jüngeren Brüder' und Teilhaber an Gottes Schöpfung erkennen.
Freudig sollten wir uns in den Dienst der guten Sache stellen, wir sollten unseren Nächsten durch jede Gefälligkeit helfen, nicht nur wenn sie krank sind und Trost brauchen."

In Westeuropa entstanden seit dem 4. Jahrhundert Hospitäler, in denen Kranke und Aussätzige gepflegt wurden. Mitte des 6. Jahrhunderts entstand in Jerusalem ein Hospital mit mehr als 200 Betten.
Wesentliche Wurzeln der ärztlichen Heilkunst stammen aus dem Griechenland des Altertums. Auch die griechische Gesellschaft stützte sich zunächst schwerpunktmäßig auf religiöse Heilung. So war Apollo neben anderen Aufgaben ein Gott des Heilens. Die Götter heilten und die Götter verwundeten. Über allem stand der Gott Asklepios, der auch die Macht hatte, Tote auferstehen zu lassen. Über Asklepios finden sich unterschiedliche Angaben. So könnte er Sohn von

Apollo und einer sterblichen Mutter gewesen sein. Er hatte aus dem mythologischen Bereich Kenntnisse über pflanzliche Heilmittel erhalten, die er zu Heilzwecken gebrauchte. Der Sage nach wurde Asklepios von dem obersten Gott des griechischen Olymps, von Zeus, mit einem Blitz getötet und später zum Gott erhoben. Nach einer anderen Quelle soll Asklepios ein geschickter Wunderheiler gewesen sein, dessen Söhne zu Ärzten wurden und von denen viele praktische Ärzte abstammten. Jedenfalls wurde Asklepios als Schutzgott der Medizin mit Stab und Schlange dargestellt, woher sich das heutige Arztsymbol, der Äskulapstab, ableitet.

Auf einem anderen Grund stand die Heilkunst des Hippokrates, der von ca. 460 - 370 v. Chr. lebte. Sie gab sich von Anfang an unabhängig vom Übernatürlichen und fußend in der Philosophie über die Natur. In allen Schriften des Hippokrates sucht man vergeblich einen Hinweis darauf, dass irgendeine Krankheit von den Göttern verursacht oder geheilt wurde. Die hippokratischen Ärzte setzten eine natürliche Theorie der Krankheitsursachen voraus, so dass der Arzt nicht länger ein Mittler zwischen der göttlichen Welt und den Menschen, sondern ein sachkundiger Freund der Kranken war. Nur vereinzelt findet man von Hippokrates, der von der Insel Kos stammte, in den heutigen Überlieferungen Schilderungen, dass er mit Handauflegen gearbeitet habe. Und wenn, so führte er dessen Wirkung nicht auf übernatürliche Mächte zurück. Wenn er bei seinen Patienten in Einzelfällen Schmerzen linderte, indem er seine Hände auf die schmerzhaften Körperstellen legte, so erläuterte er dies: „Es war, als wohne meinen Händen eine geheimnisvolle Heilkraft inne.“

Unter dem wesentlichen Einfluss der Hippokratiker wurde die Heilkunst im klassischen Griechenland offen und flexibel interpretiert. Sie wurde verschiedenen Einflüssen und Außenseitermethoden zugänglich. Philosophische Gedankengänge standen im Zwiegespräch mit sachlich-medizinischen Vorstellungen von Gesundheit und Krankheit. Diese Auffassungen setzten sich im gesamten Ausbreitungsgebiet der griechischen Zivilisation von Kleinasien bis Sizilien und Süditalien durch.

Entsprechend der heute zum Beispiel in der Akupunktur repräsentierten energetischen Auffassung von Krankheitsursache und Heilung war der wichtigste Grundgedanke hippokratischer Medizin, dass Gesundheit ein Gleichgewicht der körperlichen Kräfte und Krankheit eine Störung derselben darstelle. Die Aufgabe des Heilers bestand darin, durch sein Können das Gleichgewicht zwischen diesen gegensätzlichen Kräften zu erhalten oder im Falle einer Störung (Unwohlsein oder Krankheit) wieder herzustellen. Dabei war die eigentliche Heilerin der Krankheit die Lebenskraft selbst. Die Ärzte in der Gefolgschaft und in der Nachfolge des Hippokrates spezialisierten sich auf eine klinische Medizin, also auf eine Medizin am Krankenbett. Sie beobachteten ihre Patienten, registrierten die ihnen auffallenden Veränderungen, führten Gespräche, gewannen Vertrauen und halfen mit all dem der Heilkraft der Natur nach. Im Sinne dessen, was wir heute als einen Baustein in ganzheitlicher Medizin verstehen, gehörte es zur Kunst der Diagnose, Lebensweise, Wohnung, Arbeitsumfeld und Ernährungsgewohnheiten des Patienten zu erforschen.

So wie das diagnostische Können hippokratischer Ärzte geachtet war, schätzte man vor allem ihre Fähigkeit zur Prognose. Darin sah man eine wichtige Voraussetzung der Anerkennung der Fähigkeiten und des sozialen Standes der Ärzteschaft. Denn prognostische Aussagen, die sich später als

zutreffend herausstellten, erweckten Vertrauen und gaben dem begabten Heiler eine größere Glaubwürdigkeit.
Hierin sehe ich Anklänge zur Beurteilung Geistigen Heilens in der heutigen Zeit, wobei man dann als Heiler zu hoher Achtung gelangt, wenn man nicht nur in der Lage ist, entsprechende Erfolge des Geistigen Heilens aufzuweisen, sondern auch prognostische und diagnostische Aussagen zielsicher zu machen weiß oder dies zumindest behauptet.

129 n. Chr. wurde in Pergamon in der heutigen Türkei Galen geboren. Er sollte in den vorherrschenden Stellungen in der Medizin mehr als ein Jahrtausend die Oberhand behalten. Unter der Anleitung seines Vaters, eines reichen Architekten, genoss Galen eine lange und umfangreiche und ebenso liberale Ausbildung. Galens Lehrer stammten zum Teil aus Alexandrien; er bereiste Ägypten und erwarb Arzneimittellisten aus Indien und Südafrika. Nach Pergamon zurückgekehrt, wurde er im Jahre 157 n. Chr. zum Gladiatorenarzt ernannt und konnte so seine Kenntnisse über Anatomie und Chirurgie noch erheblich erweitern.
Um seine Bildung auf noch breitere Basis zu stellen und seine Stellung zu festigen und zu Ruhm zu gelangen, siedelte Galen 162 n. Chr. nach Rom um. Durch öffentliche Auftritte und Demonstrationen wurde er bekannt. Mehr und mehr nahmen ihn Senatoren und staatliche Würdenträger in Anspruch, und von 170 n. Chr. an stand Galen im Dienst am kaiserlichen Hofe. Er wurde Leibarzt mehrerer Herrscher.
Inzwischen war Galen ein hoch gebildeter Mann und Philosoph geworden. Er glaubte an Platons „dreigeteilte Seele mit Sitz in Kopf, Brust und Bauch“ – und mit der Physik des Aristoteles erklärte er sich das Körpersystem.
Er schrieb und lehrte, die Philosophie solle die Medizin fördern; der Arzt müsse die Philosophie beherrschen. Physik

als die Wissenschaft von der Natur, die Ethik als die Wissenschaft vom Handeln und die Logik als die Wissenschaft des richtigen Denkens waren damit die Grundpfeiler der Philosophie und auch theoretischer Überbau der Medizin. Ein guter Arzt, so Galen, praktiziere aus Liebe zu den Menschen; das nahm ihm aber durchaus nicht das Recht, seinen Lohn in Form von Ruhm und Reichtum entgegen zu nehmen.

Galen sah sich nicht nur als guten Kliniker, sondern auch als Medizinwissenschaftler. Sein medizinisches Handeln stand auf der Basis von funktioneller Anatomie, und in den krankhaften Veränderungen körpereigener Strukturen sah er die Ursache von funktionellem Versagen der Organe und schließlich von Krankheit. So erklärte er Unbekanntes auch mit strukturell-funktioneller Pathophysiologie.
Galen führte den Aderlass als recht universal zu benutzendes therapeutisches Instrument in seine Behandlungskonzepte ein und begründete dies mit einer sehr speziellen Pulslehre, die er in 16 Büchern zusammenfasste.

Galen stellte die klinische hippokratische Medizin in einen größeren anatomisch-physiologischen Zusammenhang. Für ihn fügten sich Anatomie, Logik und Erfahrung zu einer Einheit zusammen. Von ihm ist eine Einschätzung der Rolle überliefert, die er selbst für die Medizin spielte:
„Ich habe für die Medizin so viel getan wie Trajan für das römische Reich, als er Brücken und Straßen durch Italien baute. Ich habe den wahren Weg der Medizin geöffnet. Hat auch Hippokrates diesen Weg bereits gewiesen, so habe ich ihn gangbar gemacht.“
(Porter, Roy: „Die Kunst des Heilens“).

Es gab einen Arzt, der mit Recht als der große Arzt der beginnenden Neuzeit bezeichnet wird. Es war Paracelsus von Hohenheim (1493 - 1542), der parallel zu der Reformation des Martin Luther eine Reformation der Medizin forderte. Sein Vater war Arzt und unterrichtete ihn in Medizin und Naturphilosophie. Die Schriften seines Zeitgenossen Johannes Drithemius (1464 - 1518) waren für ihn unter anderem Anlass, von einem Wirken unsichtbarer spiritueller Kräfte auszugehen, die eine Verbindung zwischen Gott und dem Menschen in einem durchaus nicht nur naturwissenschaftlich verstandenen Kosmos bildeten.
Nicht mit vollem Recht kann man Paracelsus als den Begründer der rein wissenschaftlichen Medizin darstellen, denn nach seiner Auffassung enthielt diese Medizin immer auch esoterische, mystische und spirituelle Lehren. Wir wissen und bekommen es auch heute noch immer wieder gezeigt, dass diese Lehren nicht mit der wissenschaftlichen Grundlage heutiger Medizin vereinbar sind. Andererseits aber arbeitete Paracelsus mit landläufigen Vorstellungen und volkstümlicher Heilkunde. Er stellte neue chemische Theorien auf und postulierte in allen Substanzen Schwefel, Quecksilber und Salz; diese Grundsubstanzen sah er jedoch nicht als stoffliche Elemente, sondern als verborgen wirkende Kräfte.

Insgesamt war Paracelsus der tiefsten Überzeugung, die Natur beherrsche alles und jeder Arzt und Heiler müsse sie deshalb kennen und sie zur Grundlage seiner Arbeit machen.
Paracelsus verachtete akademisches Treiben. Als er 1526 als Stadtarzt und Medizinprofessor nach Basel berufen wurde, verkündete er bei seiner ersten Vorlesung, er wolle nicht die Medizin eines Galen oder eines Hippokrates verkünden, denn nur die Erfahrung könne die Geheimnisse von Krankheit und Heilung entschlüsseln. Nach Paracelsus waren seine

Grundsubstanzen Schwefel, Quecksilber und Salz den Elementen und Körpersäften der galenschen Medizin überlegen. Mit seinen chemischen Prinzipien erklärte Paracelsus Lebensvorgänge, wobei er geistige und vitale Kräfte mit einbezog. Er sprach vom Bestehen der inneren Lebenskraft, der vis vitalis, welche Körperfunktionen lenke und den Menschen am Leben erhalte.

Insgesamt können wir sagen, dass Paracelsus die Krankheit für spirituell begründet hielt. So waren die medizinischen Vorstellungen des Paracelsus keine Konstitutionenlehre wie bei Galen, sondern er vertrat eine Auffassung der Spezifität der Krankheiten und eine neue Art der Krankheitslehre, da Krankheiten entweder durch Störungen der wesenseigenen Spiritualität oder durch äußere Einwirkungen hervorgerufen würden.

In der heutigen esoterischen Literatur, die zur Thematik des Geistigen Heilens existiert, finden wir immer wieder die Begriffe von energetischer Medizin, energetischem Heilen oder Energiearbeit. Diesen Äußerungen zu Folge lässt man die Energie fließen, man gleicht Energiedefizite aus, man baut Energiefelder auf oder bringt die Energie bei „Energieblockierungen“ wieder zum richtigen Fließen. Insgesamt wird Geistiges Heilen auch unter die energetischen Heilweisen gerechnet, wobei mir scheint, dass dieser Begriff naturwissenschaftlich nicht bis ins Letzte belegt werden kann. Dennoch möchte ich nun bei einem Abriss über Stationen des Heilens in der europäischen Geschichte einige Meilensteine darstellen, die wir als wesentlich bei der Erforschung des menschlichen Energiefeldes ansehen können.

In den spirituellen Traditionen der Menschheit, die sich ja zum Teil tausende Jahre zurück verfolgen lassen, finden sich Aussagen, die mit den Beobachtungen der Wissenschaft in neuester Zeit übereinstimmen – obwohl die Mystiker nicht über Energiefelder gesprochen haben, nicht über das Bioplasma, nicht über das holographische Bild des Universums.
Alle Religionen sprechen von der Erfahrung, dass einzelne Menschen Licht um Kopf oder Körper von anderen Menschen sehen. Die spirituelle Tradition Indiens – sie lässt sich mehr als 5000 Jahre zurückverfolgen – spricht von einer universellen Energie, die sie P r a n a nennt. Prana, der Atem des Lebens, gibt allen Formen Leben ein und durchströmt sie.
Die Chinesen sprechen seit dem 3. Jahrtausend v. Chr. von einer vitalen Energie und nennen diese C h i . Die gesamte Materie, belebt oder unbelebt, werde von dieser universalen Energie durchdrungen. Das Chi besteht aus zwei polaren Kräften, dem Yin und dem Yang. Sind sie im Gleichgewicht, dann ist das lebendige System, beispielsweise ein menschlicher Organismus, gesund. Sind sie im Ungleichgewicht, so entsteht Krankheit. Übermäßiges Yang führt zu Überfunktionen, Hitze, Hautrötung, Zorn, starker Organaktivität und Energiestau; übermäßiges Yin bewirkt Leere, Müdigkeit, langsame Organfunktion, Apathie.
Die Akupunktur zielt darauf, beides ins Gleichgewicht zu bringen.

Von der K a b b a l a , der mystischen Tradition des Judentums, deren Wurzeln bis ins Jahr 538 v. Chr. zurückzuverfolgen sind, wird diese Energie das „astrale Licht“ genannt.
Im Alten Testament gibt es zahlreiche Hinweise auf Lichterscheinungen an Menschen oder in der Natur, so die Feuersäule, die bei Dunkelheit vor dem Volk Israel herzieht, als es Ägypten auf der Suche nach dem verheißenen gelobten

Land verlässt, und in der sich Gott darstellt. Ebenso hat der brennende Dornbusch als Symbol der Anwesenheit Gottes Bedeutung.

Viele esoterische Lehren, alte Texte des Hinduismus, die Theosophen, die Rosenkreuzer, indianische Medizinmänner, Tibeter, indische Buddhisten und japanische Zen-Buddhisten, Rudolf Steiner und viele andere sprechen detailliert über Einzelheiten eines menschlichen Energiefeldes.

Immer wieder gibt es in der Geschichte der westlichen Wissenschaft Forscher, die von einer universalen, die gesamte Natur durchdringenden Energie sprechen. Der erste Hinweis auf diese vitale Energie findet sich bei den Pythagoräern, einer Philosophenrichtung im antiken Griechenland um 500 v. Chr. Nach ihrer Auffassung kann diese Energie, dieses „Licht", im menschlichen Körper verschiedene Wirkungen hervorrufen, darunter auch die Heilung von Krankheiten.

Hier nun ein kurzer geschichtlicher Überblick über die Meilensteine auf dem Weg der Erforschung des menschlichen Energiefeldes:

12. Jahrhundert:
Boirac und Liebeault stellen das Vorhandensein einer Energie fest, die auch über Entfernungen Wechselwirkungen zwischen zwei Menschen zulässt. So erwähnen sie auch die heilende oder auch krank machende Wirkung, die jemand einfach durch seine Gegenwart auf eine andere Person haben kann.

16. Jahrhundert:
Der große Arzt und Philosoph Paracelsus (siehe oben) nannte

diese Energie Illiaster. Nach seiner Ansicht besteht sie aus vitaler Kraft und vitaler Materie.

19. Jahrhundert:
Telmont und Mesmer beobachteten im 18. und zu Anfang des 19. Jahrhunderts Eigenschaften des Phänomens universaler Energie. Sie schrieben von der Aufladung belebter und unbelebter Körper mit diesem „Fluidum". Mesmers Forschungen begründeten den Mesmerismus, die Lehre vom animalen Magnetismus, der auf einem Seitengleis zur Hypnose führte.
Telmont, Mathematiker und Arzt, sprach von einer universalen Flüssigkeit, welche die gesamte Natur durchwirke. Es sei nicht körperliche oder kondensierbare Materie, sondern reiner vitaler Geist, der alle Körper durchdringe.
Leibniz, Philosoph und Mathematiker, sagte: „Das Universum besteht aus Kraftzentren, die in sich selbst die Quelle ihrer Bewegung tragen."

20. Jahrhundert:
Killner berichtete 1911, er habe einen wechselhaften Lichtschimmer mit einer dreischichtigen Struktur um den Körper des Menschen gesehen: auf der Haut dunkel und knapp einen Zentimeter dick, darüber eine dunstige Schicht, senkrecht vom Körper abstrahlend, mit einer Breite von 2,5 cm und schließlich ein zartes Leuchten ohne klare Umrisse von etwa 15 cm Breite. Dieses Lichtphänomen nannte er Aura.

In den 50er Jahren entwickelten Dr. George de la Warr und Ruth Drown neue Instrumente, um die Energieabstrahlung von lebendigem Gewebe messen zu können. Dr. de la Warr erfand „Radionics", ein Ferndiagnose- und Fernheilsystem, das mit dem biologischen Energiefeld des Menschen arbeitet.

Dr. Wilhelm Reich, ein Kollege von Sigmund Freud, erforschte eine universale Energie, die er O r g o n nannte. Er untersuchte den Zusammenhang zwischen Störungen des Orgonstromes im menschlichen Körper und physischen bzw. psychischen Krankheiten. Mit seiner psychotherapeutischen Methode gelang es ihm, Blockierungen des natürlichen Stromes der Orgonenergie im Körper aufzulösen und damit auch Blockierungen durch negative geistige und emotionale Zustände.

In den 60er Jahren brachte Dr. Schafica Karagulla die von Sensitiven gemachten visuellen Wahrnehmungen mit körperlichen Störungen in Zusammenhang. So war ihr Starmedium Dianne in der Lage, Energiemuster von Kranken wahrzunehmen und die medizinischen Probleme genau zu beschreiben. Dabei stützte sich Dianne auf der ätherischen Ebene auf ein Energie-Feld oder einen vitalen Energie-Körper, der eine Matrix bildet, die den physischen Körper mit einem Lichtnetz durchzieht. Diese energetische Matrix stellt den Bauplan dar, wonach sich die physische Materie bildet und in dem sie verankert ist. Das Gewebe des Körpers existiert nur aufgrund dieses vitalen Feldes.

Wenn wir das menschliche Energiefeld definieren als alle Felder oder Ausstrahlungen des Körpers, dann sieht man, dass wesentliche Bestandteile dieses Energiefeldes bereits im Labor gemessen werden konnten, und zwar die elektrostatischen, magnetischen, akustischen, thermischen und visuellen Komponenten des menschlichen Energiefeldes. Diese Komponenten stehen im Einklang mit den normalen physiologischen Prozessen des Körpers, gehen aber auch über diese hinaus und eröffnen den Zugang zum psychosomatischen Bereich. Und die Untersuchungen zeigen auch, dass das menschliche Energiefeld aus Elementarteilchen besteht, die sich wie Luft- oder Wasserströme verhalten. Diese Teilchen sind extrem klein.

Nach all dem ist das übliche Modell des Körpers als einer Einheit von Organsystemen unzureichend. Ein zusätzliches Modell ist nötig, das von einem alles organisierenden Energiefeld ausgeht. Das Modell eines elektromagnetischen Feldes erfüllt diesen Zweck nicht. Zum Beispiel sind Voraussehen oder Erinnerung (an frühere Leben) mit elektromagnetischen Feldern nicht zu erklären.

Hierzu sagt Dr. Vallery Hunt:
„Man kann den Körper aufgrund seiner atomaren Zellstruktur unter dem Quantenkonzept der Energie betrachten.“ Und: *„Das Konzept des Hologramms, wie es in der Physik und in der Gehirnforschung entwickelt wurde, scheint eine wahrhaft vereinheitlichende Sicht der Wirklichkeit zu liefern, die eine Neuinterpretation aller biologischen Erkenntnisse auf einer anderen Ebene notwendig macht.“*

Und Merylin Fergusson im „Brainmind-Bulletin“:
„Das ‚holistische Modell‘ ist als neues Paradigma beschrieben worden, mit dem sich auch all die herrlichen wilden Seitenströme der Wissenschaft und des Geistes beschreiben lassen. Hier haben wir nun endlich eine Theorie, die Biologie und Physik in einem offenen System zur Einheit führen kann.“

MAGDALENA

Eine meiner neuen Patientinnen, die mich besuchen seit ich als Heiler arbeite, ist Magdalena, 64 Jahre alt. Magdalena ist eine sehr liebe, sehr tapfere Frau. Sie hat in Tadschikistan vier Kinder geboren und 1976 ist sie mit Josef und ihren Kindern nach Deutschland zurückgekehrt, in das Land ihrer Väter und Mütter. Sie hat in den letzten 28 Jahren mit Josef viel aufgebaut in Deutschland und alle 4 Kinder sind, wie man sagt, etwas geworden. Die jüngste Tochter wurde Fotografin, dann Buchhändlerin, und jetzt ist sie Heilerin – die beste, die ich kenne. Was ich neben manchen wunderbaren Eigenschaften an Magdalena schätze, ist die Klaglosigkeit, mit der sie ihr Gewicht durchs Leben trägt. Klagen darüber tun dann ihre Lendenwirbelsäule, die Kreuzdarmbeingelenke, in denen sich die statischen und dynamischen Kräfte von Rumpf und Becken treffen und verständigen müssen, es klagen ihre Hüftgelenke und ihre Schultern. Nachts kommen schlimme Kopfschmerzen hinzu und Josef leidet, die Kinder und Schwiegerkinder bedauern die Mutter; und all das vermochte in der Vergangenheit nicht, ebenso wenig wie die Bemühungen eines Schmerztherapeuten, zur Schmerzerleichterung beizutragen.

Eines Mittags also sitzt Magdalena in meiner Praxis, Josef neben ihr. Ich weiß durch ihre jüngste Tochter, meine Heilerkollegin, wer sie ist, aber das sage ich Magdalena nicht. Ich stelle eine meiner üblichen Fragen: „Was plagt Sie denn? Weshalb sind Sie hier?“
„Ich habe von Ihnen gehört, Herr Doktor.“
„Aber deshalb sind Sie nicht hier. Meine Geschwister haben auch von mir gehört, aber sie kommen auch nicht.“

Magdalena schaut mich ratlos an, dann grinst sie vorsichtig: „Da haben Sie Recht.“ Ihr Gesicht wird sofort wieder ernst. „Aber ich habe diese furchtbaren Schmerzen. Für meinen Mann ist es gar kein Leben mehr.“
„Und für Sie?“, frage ich. Erst zuckt es in ihrem Gesicht wie ein aufziehendes Gewitter; dann Tränen, kein Schluchzen, nur Tränen, die einfach lautlos herunter laufen. Solche Tränen rufen mich auf den Plan, egal aus welchem Winkel meines Bewusstseins. „Würden Sie auch ohne diese Schmerzen leben wollen?“, frage ich Magdalena, „Manche Leute brauchen ihre Schmerzen, um sich ihren Mitmenschen mitzuteilen.“
„Da kennen Sie mich schlecht, Herr Doktor. Ich weiß, dass ich mit meinen Leuten über alles reden kann. Nur – mit den Schmerzen leben, das kann ich nicht mehr.“
„Ich weiß von einem, von dem habe ich bisher nur das Beste gehört und das Beste erfahren. Wenn er uns hilft, dann haben Sie bald keine solchen Schmerzen mehr.“
Ich stehe auf, komme um meinen Schreibtisch herum, nehme mit meiner Linken Magdalena bei der linken Hand, lege meine Rechte um ihre Schulter und führe sie zu der Behandlungsliege in meinem Sprechzimmer. Während ich einen Blick auf ihre Röntgenbilder werfe und flüchtig die Liste der Medikamente studiere, die sie nimmt – bei Gott, diese Frau muss eine Pferdenatur haben – wartet sie auf der Liege. Dann gehe ich zu ihr, setze mich neben die Liege und sage: „Sie brauchen sich jetzt eine Stunde nur zu entspannen. Vielleicht schließen Sie die Augen oder Sie schlafen ein. Tun Sie, was Sie wollen. Darf ich zwischendurch ein Gebet sprechen?“
Mit geschlossenen Augen nickt sie heftig; „Ja“, flüstert sie.
Ich halte meine Hände über ihren Kopf und spüre sie warm werden; ich spüre ein leises Kribbeln in meiner rechten Innenhand und sage leise: *„Des Lichtes Weben, gehe im Lotus ein.“*

Magdalena atmet tief ein und aus. Sie schläft bereits. Dann kreuze ich meine Hände über ihrem Herzchakra, bis ich auch hier den Fluss der heilenden Energie spüre.
„Ich hebe meine Augen auf zu dem Berge; von wo kommt mir Hilfe?
Meine Hilfe kommt vom Herrn, der Himmel und Erde erschaffen hat. Er lässt deinen Fuß nicht wanken; er, der dich behütet, schläft nicht."
Magdalena bewegt die Augen hinter den geschlossenen Lidern. Sie atmet jetzt schneller.
„Der Herr gibt dir Schatten, er steht dir zur Seite.
Bei Tag wird dir die Sonne nicht schaden noch der Mond in der Nacht.
Der Herr behüte dich vor allem Bösen, er behüte dein Leben."
Es sind Verse aus dem Psalm 121.
Magdalena liegt ruhig da, schläft tief; die Falten in ihrem Gesicht sind weniger eingegraben als noch vor einer halben Stunde.
Ich schaue über meine rechte Schulter nach hinten. Die Tür schließt sich gerade, Josef hat den Raum verlassen. Ich bleibe bei meiner Patientin. Während meine Hände über ihren Körper tasten oder ich sie in handbreitem Abstand darüber halte, ist mein Bewusstsein woanders. Ich sehe weißes Licht, sehe wie ich Magdalena dem Licht entgegen führe. Ich weiß, es ist das Licht der göttlichen, erlösenden, umfassenden Liebe. Ich weiß, dass meine Arbeit mit Magdalena für heute getan ist. Ich kann mehr nicht tun; ich habe alles dem an die Hand gegeben, „von dem ich nur das Beste gehört und mit dem ich das Beste erfahren habe."

Nach einer weiteren Viertelstunde spreche ich halblaut ein modernes Gebet des evangelischen Theologen Jörg Zink. Es heißt am Schluss:

„Der Herr wende dir sein Angesicht zu.
Er sehe dein Leid und höre deine Stimme.
Er heile und tröste dich
und gebe dir Frieden,
das Wohl des Leibes und das Wohl der Seele, Liebe und Glück.
Amen.
So will es der Herr, der von Ewigkeit zu Ewigkeit bleibt.
So steht es fest nach seinem Willen für dich."

Magdalena schlägt die Augen auf.
Erst schaut sie mit großen, verwunderten Augen vor sich, dann zu mir, der ich wieder neben ihrer Liege sitze. Dann lächelt sie und sagt beglückt: „Es war wunderbar. Ich habe so vieles gesehen. Ich wusste so vieles noch gar nicht ..."
„Was wussten Sie nicht?", frage ich vorsichtig zurück.
„Na ja, jedenfalls nicht, dass ich so aufgehoben bin, egal womit. Auch mit meinen Schmerzen."
Dann richtet sie sich zügig auf, und sagt ein bisschen verwundert: „Und ich wusste gar nicht mehr, wie ich mich aus dem Liegen aufrichten sollte." Ich schmunzle und denke: „Wenn's mehr nicht ist ...? Aber warten Sie nur ab."

Magdalena kam noch einige Male, mit jeweils zwei Wochen Abstand. Beim vierten Mal berichtete sie stolz, sie habe ihre Schmerzmittel wesentlich reduzieren können. Und ich sah, es ging ihr besser und besser. Und immer wieder untersuchte ich sie, damit wir nicht an irgendeiner ungünstigen Entwicklung ihres Gesamtstatus vorbei liefen.
Als ich Magdalena eine Woche vor Weihnachten treffe, reicht sie mir die Hand und lächelt mich an, fast ein wenig schuldbewusst.
„Hallo, wie läuft's?"
„Ich hab was gemacht, Herr Doktor."

Es gelingt mir nicht, diese Frau von Schuld beladen zu sehen. Ich schaue sie fragend an.
„Ich war bei meinem Schmerztherapeuten."
„War's schön?", frage ich.
„Also", beginnt sie und setzt sich zurecht, „es ging mir ja so gut. Und ich glaube, ich strahlte schon, als ich ins Sprechzimmer kam.
‚Oh, uns geht es aber gut heute', sagte der Arzt. Und ich: ‚Ja, mir geht's gut, das erste Mal seit zwei Jahren.'
‚Hab ich Ihnen nicht gesagt, es wird besser? Wie gut, dass Sie die Tabletten weiter genommen haben.'
‚Ich hab aber die Tabletten nicht weiter genommen. Die Schmerzen waren ja zeitweise etwas betäubt, aber ich konnte kaum noch klar denken.'
‚Und dann?'
‚Ich war beim Heiler.'
‚Das ist doch Unsinn! Wer soll denn das gewesen sein?'
‚Doktor Bittscheidt. Arzt und Heiler.'
‚Wie kommen Sie denn an den?'
‚Meine Tochter arbeitet mit ihm zusammen.'
‚Na, so was soll ja ein Schweinegeld kosten. Was haben Sie denn zahlen müssen?'
‚Nicht einen Pfennig, Herr Doktor. Nicht einen einzigen Pfennig.'
‚Wer fährt Sie überhaupt dahin?'
‚Mein Mann, Herr Doktor.'
‚Na ja, dann kann ich ja wohl nichts mehr für Sie tun ...'
‚Das sehe ich auch so, Herr Doktor.'"
Magdalena lacht, erst leise, dann lauter; und sie hört gar nicht mehr auf zu lachen. Einen Augenblick denke ich an meine Standespflichten. Und dann lache ich mit.

Heutige Erscheinungsformen Geistigen Heilens

Im Folgenden eine nur kleine Auswahl aus der großen Zahl der verschiedenen, in der heutigen Zeit angebotenen Arten alternativen, geistigen, energetischen oder spirituellen Heilens.

Handauflegen

Die ältesten Hinweise darauf, dass seit langer Zeit Menschen durch Handauflegen heilen, reichen zurück bis in die Steinzeit. In den Pyrenäen wurden Höhlenmalereien gefunden, die darauf hindeuten, dass schon vor 15.000 Jahren Menschen die Heilmethode des Handauflegens ausübten. Priesterärzte im alten Ägypten arbeiteten mit dieser Methode; ein entsprechendes Dokument findet sich aus der Zeit um 1550 v. Chr.

Im Fernen Osten und in der griechischen Antike sowie im Judentum des alten Testamentes finden sich Hinweise auf Heilen durch Handauflegen. Von Jesus von Nazareth ist häufig in diesem Sinne die Rede, möglicherweise war er der größte Heiler aller Zeiten und wurde, weil man damals (wie oft auch heute) seine Art zu heilen nicht verstand, als „Wunderheiler" bezeichnet. Bis ins 8. nachchristliche Jahrhundert hinein finden sich Hinweise, dass auch in christlichen Kirchen mit der Form des Handauflegens geheilt wurde. Als körperliches Heil in diesem Leben nach Meinung der christlichen Kirche zweitrangig wurde, hörte auch die Anwendung des Handauflegens mehr und mehr auf. Es wurde nun wichtiger, Krankheit als Prüfung oder auch Strafe aufzufassen, als sich heilend gegen Krankheiten zur Wehr zu setzen. Dennoch erschienen im Laufe der Kirchengeschichte immer wieder einzelne Heilige, die mit der Gabe des Heilens gesegnet waren. Darunter zählten im 12. Jahrhundert die Ordensgründer Franz von Assisi und Bernhard von Clairvaux, im 14. Jahrhundert Catharina von Siena und im 16. Jahrhundert Franz Xaver, einer der Weggefährten des Hl. Ignatius von Loyola. Doch wie auch heute, so verfolgten die Kirchenoberen das Wirken dieser Heiligen häufig mit Besorgnis, Misstrauen, Gleichgültigkeit oder offener Gegenwehr.

Kirchenfreundliche weltliche Herrscher, die die Gabe des Heilens besaßen, wurden als „im Bunde mit Gott" stehend betrachtet. Der römische Kaiser Hadrian, so wird überliefert, soll im 2. Jahrhundert Untertanen von der Wassersucht befreit haben. Kaiser Vespasian konnte Nervenkranke und Blinde kurieren. Robert der Fromme in Frankreich und Eduard der Bekenner in England begannen im 11. Jahrhundert zu heilen, indem sie den Kranken eine Hand auf Kopf oder Nacken legten und mit der anderen Hand ein Kreuzzeichen über ihnen machten. Im 17. Jahrhundert machte Englands König Karl II heilend von sich reden. Innerhalb von 19 Jahren segnete und berührte er 90.000 Kranke und hängte ihnen zum Abschied eine Goldmünze um den Hals.
Im Übrigen jedoch waren heilende Hände vom Mittelalter bis weit ins 19. Jahrhundert hinein eher als Hexerei verschrien. Über ein Jahrtausend lang wurden Heiler im christlichen Abendland verfolgt und schwebten wirklich in Lebensgefahr. Viele, denen es nicht gelang, ihre Fähigkeiten und heilenden Gaben zu verstecken, wurden Opfer der Inquisition.
Die abendländische Medizin hat aber auch Heiler hervorgebracht, die sich nicht an irgendwelche religiösen Bindungen bei ihrer heilenden Tätigkeit hielten, einer der ersten war Hippokrates (460 – 370 v. Chr.). Aus eigener therapeutischer Erfahrung trat er für das Handauflegen ein.

Erst im 18. Jahrhundert trat erneut ein Arzt, Franz Anton Mesmer, mit einer speziellen Form des Handauflegens auf. Ihm schien dies nicht religiös, sondern wissenschaftlich begründet. Zu seiner Zeit waren viele Handaufleger dazu übergegangen, die Wirkung des angeblich heilenden „Bestreichens“ von erkrankten Gliedmaßen zu unterstützen, indem sie dabei einen Magneten in der Hand hielten. Mesmer war überzeugt davon, dass dabei eine unsichtbare Kraft übertragen wurde und entwickelte daraus eine eigene Heilmethode, das „Magnetisieren“.
Heilmagnetiseure lehnen häufig die Bezeichnung „Geistheiler“ strikt ab, da nach ihrer Überzeugung ihre Tätigkeit des Magnetisierens auf einer Energieform beruht, die sich durchaus naturwissenschaftlich beweisen lässt.
Handauflegende Heiler in christlicher Tradition berufen sich dagegen meist auf Gott als überirdische Kraftquelle. Diese christlichen Geistheiler sehen sich als „Personal“ für einen göttlichen Energiestrom aus einer höheren Dimension. Die neueste Entwicklung auf dem Gebiet der modernen Physik lässt aber dieses Unterscheidungsmerkmal zwischen beiden Gruppen durchaus und erfreulicherweise ins Wanken geraten.

Therapeutic Touch (Heilende Berührung)

1971 hörte die amerikanische Krankenschwester Dolores Krieger von Versuchen, die der ungarische Heiler Oskar Estebany an Pflanzen durchgeführt hatte. Es war ihm dabei gelungen, die Chlorophyllproduktion dieser Pflanzen erheblich zu erhöhen. Dolores Krieger nahm daraufhin Kontakt mit Estebany auf und veranlasste ihn zu Versuchen an Menschen mit dem Ziel, den Hämoglobingehalt des Blutes durch jeweils 15-minütiges Handauflegen zu erhöhen. Hämoglobin ist der rote Blutfarbstoff des Menschen und

entscheidet darüber, wie viel Sauerstoff das Blut transportieren und damit dem Organismus zur Verfügung stellen kann.
Von 183 Testpersonen bildeten 75 von ihnen eine unbehandelte Kontrollgruppe; bei den 108 anderen war der Heiler erfolgreich.
Dolores Krieger unterwies nun 30 Krankenschwestern im Handauflegen und auch diese waren erfolgreich. Sie gründete mit einer bekannten Heilerin eine Schule, die Schule des „Therapeutic Touch“ (= Schule der Heilenden Berührung) und stellte die Grundlagen ihres Diagnose- und Behandlungssystems 1997 in einem ebenso genannten Buch der Öffentlichkeit vor.
Inzwischen sind in dieser Methode der Energieübertragung weit mehr als 30.000 Krankenschwestern unterwiesen worden. Die Methode breitete sich weltweit aus. Viele Forschungsarbeiten belegen heute eindeutige Erfolge des Therapeutic Touch, zur Heilung von Patienten beizutragen.
Dolores Krieger sagte: „Im Zeitalter der Wissenschaft, in dem man sich für alles Mechanistische und Synthetische (und damit oft genug für Unmenschliches) begeistert, hat man die therapeutische Kraft der Hände schon fast vergessen.“

Qi Gong

Der Begriff Qi (oder Chi) ist seit etwa 5.000 Jahren in der Traditionellen Chinesischen Medizin bekannt. Man versteht darunter eine unsichtbare Lebensenergie, die aber nicht wie der „Geist“ im philosophischen Denken des Westens außerhalb der Natur steht, sondern die wie alle anderen Energien den Gesetzen der Natur unterworfen ist. Nach Auffassung der Chinesischen Medizin legt diese unsichtbare Lebensenergie in Bruchteilen einer Sekunde beliebige Entfernungen zurück, ohne sich dabei abzuschwächen. Neben dem kosmischen Chi,

welches das gesamte Universum durchdringt, wird auch alles Lebendige von einem individuellen Chi durchdrungen. Jeder Mensch, jedes Tier, jede Pflanze haben ihr spezielles Chi. Es durchströmt unsere Körper in einem Leitungssystem von Meridianen. Diese Meridiane spielen bei der Akupunktur eine wesentliche Rolle. Unsere Gesundheit wird dadurch entschieden, dass diese Meridiane frei durchgängig sind, dass sie genügend Energie mit sich führen und diese Energie in ihnen gleichmäßig verteilt ist. Ist der Energiefluss gestört, hat sich Energie gestaut oder ist Energie im Defizit, so entsteht Unwohlsein oder Krankheit.
Nach der ältesten chinesischen Naturphilosophie, dem Taoismus, ist das Chi eine Spannung, die zwischen den Polaritäten Yin und Yang liegt. Yin lässt sich dabei mit Kälte, mit Ruhe, Dunkelheit und dem Inneren und auch mit der Füllungsphase des Herzens assoziieren, Yang wird als Symbol für Wärme, Aktivsein, das Äußere und die Kontraktionsphase des Herzens aufgefasst. Auch krankhafte Zustände lassen sich nach Yin oder Yang unterscheiden, zum Beispiel Apathie/Überaktivität oder chronischer/akuter Schmerz. Beim gesunden Menschen liegt ein Gleichgewicht beider Polaritäten vor, eine Vorstellung, die im europäischen Kulturkreis seit Hippokrates geläufig ist.
Die Traditionelle Chinesische Medizin (TCM) unterscheidet zwölf Funktionszusammenhänge, die anatomischen Organbegriffen zugeordnet sind. Diese werden in sechs Hohlorgane (Fu) mit Yang-Charakter und sechs Speicherorgane (Zang) mit Yin-Charakter unterteilt. Jeweils ein Hohl- und ein Speicherorgan bilden ein gemeinsames Paar, zum Beispiel Niere und Blase, das in einem engen funktionellen Zusammenhang steht. Neben dem anatomischen Organbezug haben die Organbegriffe aber auch eine psychosomatische Bedeutung (zum Beispiel Leber/Gallenblase

für Wut, Herz für Erregung und Freude, aber auch für Niedergeschlagenheit). Sechs symmetrisch angeordnete Meridianpaare in relativer Nachbarschaft zur Körperoberfläche sind den korrespondierenden Organen und den damit verbundenen Funktionsbegriffen zugeordnet. Dabei wird unter Meridianen ein System von Verbindungslinien zwischen Akupunkturpunkten verstanden, die therapeutisch funktionell zusammenhängend verwendet werden.

Die TCM unterscheidet acht diagnostische Kriterien, die paarweise zusammengefasst werden: Yin-Yang, Innen-Außen, Leere-Fülle, Kälte-Hitze.

Qi Gong ist nun die Kunst, auf den Energiefluss des Chi bewusst Einfluss zu nehmen. Dies geschieht mit yogaähnlichen Konzentrations-, Atem-, Haltungs- und Bewegungsübungen, die dazu dienen sollen, das Chi in den Körper zu leiten, Störungen im Chi-Fluss zu beseitigen und auf diese Weise Gesundheit und Wohlbefinden zu erhalten oder wieder aufzufrischen. In den 50er Jahren des 20. Jahrhunderts drang Qi Gong in breite Bevölkerungsschichten vor. Unter der Kulturrevolution wurde diese Blütezeit gewaltsam beendet, viele berühmte Qi-Gong-Meister wurden verfolgt und hingerichtet. Erst gegen Ende der 70er Jahre begann sich die Bewegung von diesem Schlag zu erholen.

Heute bestehen in China wieder über 200 offiziell anerkannte Qi-Gong-Schulen. Es erscheinen populärwissenschaftliche Zeitschriften über Qi Gong. Pro Jahr erscheinen Hunderte von Veröffentlichungen und wissenschaftliche Untersuchungen über den Erfolg von Qi Gong sind an der Tagesordnung. Qi Gong wird Schätzungen nach von über 50 Millionen Erwachsenen praktiziert.

Reiki

Die Ursprünge von Reiki liegen im Dunkeln. Es wird berichtet, dass am Ende des vorletzten Jahrhunderts der Arzt und Priester Dr. Mikao Usui dieses alte, intakte Energiesystem zur Aktivierung universaler Lebenskraft wiederentdeckt und an seinen Nachfolger Dr. Hyashi weiter vermittelt hat. Anderen Quellen zufolge war Dr. Mikao Usui ein japanischer Theologe, der von amerikanischen Missionaren bekehrt, überzeugter Christ und geweihter Priester wurde und in der zweiten Hälfte des 19. Jahrhunderts ein theologisches Seminar in Kyoto geleitet hat. Aber eines Tages sei er von seinen Schülern darauf angesprochen worden, ob er ihnen die Art zeigen könne, wie Christus nach den Aussagen der Bibel geheilt habe. Aus persönlicher Bestürzung darüber, dass er diese Frage nicht beantworten konnte, soll er noch am selben Tag sein Lehramt niedergelegt haben und sich nur noch darum bemüht haben, das Geheimnis des Geistigen Heilens zu enträtseln.

Eine Amerikanerin japanischen Ursprungs, Hawajo Takata, brachte das System der Ausübung von Reiki in den 30er Jahren des 20. Jahrhunderts in den Westen, nach Hawaii. Ende der 70er Jahre gab sie, so wird erzählt, die ersten Seminare auf dem amerikanischen Festland.

1979 traf sie dort Dr. Barbary Ray, eine Universitätsdozentin für alte Sprachen und Kulturen, die sie zur Lehrerin ausbildete und mit der zusammen sie 1980 die „American Reiki Association“ gründete.

Im Jahre 1988 wurde diese Vereinigung umbenannt in „The Radiance Technique Association International“.

Das Wort Reiki kommt aus dem Japanischen. „Rei“ heißt soviel wie „universal“ und „ganzheitlich“, „Ki“ bezeichnet die allem Lebendigen innewohnende Lebensenergie, die bei den Chinesen auch Chi (oder Qi) genannt wird. Es heißt in einem Einführungsabschnitt eines Buches über „Das authentische

Reiki“: „Universale Energie hat verschiedene ausschließlich positive Eigenschaften, ihr Vorrat ist unerschöpflich. Wenn wir mit universaler Energie arbeiten, sind wir an ein unendlich großes Reservoir kosmischer Energie angeschlossen; wir arbeiten nicht mit persönlicher Energie auf der körperlichen, emotionalen oder mentalen Ebene, sondern mit überpersönlicher Energie. Wenn wir jemand anderen mit dieser Energie behandeln, können wir uns nicht verausgaben oder erschöpfen. Im Gegenteil: wir aktivieren und harmonisieren uns selbst mit universaler Energie.“

In Deutschland praktizieren bereits mindestens 100.000 Menschen diese fernöstliche Heilweise.

Nach H. Wiesendanger unterscheidet sich Reiki von anderen energetischen Heilmethoden, vor allem vom Handauflegen westlicher Geistheiler, hauptsächlich durch ein hohes Maß an Verschulung. „Einstimmungen“ oder „Einweihungen“ führen Anwärter in mehreren aufeinander aufbauenden Lernstufen vom ersten bis hinauf zum dritten Grad. Dabei werden sie mit Symbolen und Mantren vertraut gemacht, die der Gründer oder Wiederentdecker des Reiki einst in Visionen erkannte. Normalerweise werden diese Symbole nicht von Reiki-Anwendern an andere Menschen weiter gegeben. Um in Kenntnis dieser Einzelheiten zu kommen, muss ein Kurssystem bei ermächtigten Reiki-Lehrern absolviert werden, das bis zum „Meister“-Titel über 10.000 Euro kosten kann. Doch auch hier bestätigt die Entwicklung, was man generell über die Entwicklung der Heilerszene in den letzten zehn Jahren in Deutschland sagen kann: Mit der Inflation von „Eingeweihten“ oder von „Trägern von speziellen Graduierungen“ ging ein starker Qualitätsverfall in Ausbildung, Therapie und weltanschaulichem Hintergrund einher.

Es wird auch vielfach beobachtet, dass sich Reiki-Therapeuten von dem Begriff der „Geistheilung“ abgrenzen. An wissenschaftlich vertretbarer Substanz ist aber bei diesen Abgrenzungsmanövern wenig zu entdecken.

Chakra-Therapie

Das Wort Chakra stammt aus dem Sanskrit und bedeutet „Rad". Es bezieht sich auf die vielen Energiewirbel, die die Aura und den physischen Körper durchdringen. Es gibt sieben Haupt-, einundzwanzig Neben- und zahlreiche weniger bedeutende Chakren. Von den kleineren werden hauptsächlich die Energiezentren der Handflächen und Fußsohlen benützt.
Ist der Mensch gesund, drehen sich die Chakren im Uhrzeigersinn, ziehen Energie aus dem universellen Energiefeld ein und beleben unser gesamtes Sein.
Jede der sieben Hauptchakren steht in Verbindung mit einer der sieben Auraschichten. Obwohl theoretisch jede Schicht unseres feinstofflichen Körpers die Farbe des dazugehörigen Chakras annimmt, trifft dies in Wirklichkeit nur selten zu. Häufig erscheint die Aura nur einfarbig, oft gelb. Im Allgemeinen weist sie verdichtete Farbbereiche auf, in denen die einzelnen Schichten miteinander verschmolzen zu sein scheinen. Manchmal werden diese durch andere Elemente, wie alte Emotions- oder Gedankenformen, verdunkelt. Ungelöste Emotionen, wie nicht zum Ausdruck gebrachter Ärger, verbleiben oft jahrelang in der Aura. Gesundheit unter dem Aspekt des energetischen Gleichgewichtes setzt voraus, dass die Chakren ungehindert von ein- und ausfließender Energie durchströmt werden. Sind sie blockiert, so wird der harmonische Energiefluss gestört. Halten diese Störungen länger an, so entsteht Krankheit. Das Wort „Chakra-Therapie" ist ein Sammelbegriff für eine Vielzahl von Maßnahmen, solchen Blockaden vorzubeugen oder sie zu beseitigen. Man versucht, die jeweiligen Chakren zu beeinflussen, wozu viele

Heiler die Hände auflegen. Andere leiten ihre Klienten zu Imaginationsübungen an, bei denen sie ihre Chakren erspüren und durch geeignete Vorstellungsbilder zu beeinflussen lernen. Zu diesen Therapeutinnen gehört Dr. Brenda Davies, eine englische Psychotherapeutin und Heilerin, die aus dem ärztlichen Beruf kommt. In persönlichen Kursen, an denen ich bei ihr teilgenommen habe, konnte ich mich von der positiven Wirkungsweise ihrer Chakra-Therapie unter Einbeziehung ihrer Kursteilnehmer bzw. Patienten überzeugen.

In Deutschland ist die Chakra-Therapie häufig zu einer bloßen Technik verkümmert, eine übersinnliche Strahlentherapie für unsichtbare Kraftzentren durchzuführen. Sie wird dadurch aus dem Kontext eines komplexen Medizinsystems herausgelöst, in welchem sie wurzelt, nämlich dem Ayurveda (Wissenschaft vom Leben). Der Ayurveda ist niedergelegt in den Veden, in altindischen Schriften, in denen vor mehr als 2.500 Jahren das gesammelte Wissen der Zeit aufgezeichnet wurde. Jahrtausende vor der psychosomatischen Medizin des Westens definierte der Ayurveda Gesundheit bereits als Harmonie von Körper, Seele und Geist. Auf ayurvedischen Heil-Traditionen beruht noch heute ein Großteil der medizinischen Versorgung Indiens.

„Fernheilung“

Zu den so genannten „Fernheilungen“ komme ich nicht umhin, ein wenig mehr zu erläutern, da mir eine Richtigstellung der geläufigen Vorstellung am Herzen liegt. Mit zunehmendem Verständnis für die physikalische Funktionsweise von Heilung verliert der Begriff „Fern“-Heilung an Realitätsbezug ...

Vor mir auf einer Liege in meiner Praxis liegt ein Patient aus Norddeutschland. Er ist in der Nähe der Praxis in einem kleinen Hotel einquartiert und kommt in dieser Woche fünfmal zur Behandlung, weil sein Heimatort von Meckenheim bei Bonn aus etwa 450 km entfernt im Norden liegt. Der Patient ist natürlich nach einer schon länger dauernden konventionellen Behandlung seiner metastasierenden Tumorerkrankung in seinem Allgemeinzustand stark reduziert. Er ist von Beruf Psychologe und klinischer Psychotherapeut und wir überlegen nun, wie wir die begonnene spirituell-energetische Behandlung fortsetzen sollen. Kann er in Abständen weiterhin zu mir kommen? Soll er sich an einen Heiler in Hamburg wenden? Und dann kommt von seiner Seite aus die Frage, ob man es auch mit Heilung aus der Ferne versuchen könne.
„Ich glaube, Herr Breuer, die Frage der Fernheilung wird zu hoch gespielt. Es sind im Wesentlichen doch zwei Bereiche, auf die wir uns beim spirituell-energetischen Heilen stützen: Da ist einmal die Spiritualität, die es uns möglich macht, uns auf unser tiefstes Menschsein zu besinnen. Dadurch wird ja Heilung eben ganzheitlich und hält sich nicht mehr mit Behandlung von Symptomen auf. Und dann haben wir die Strukturen aus den entsprechenden Bereichen der Quantenphysik, Wellen, die ungeheuer energiereich sind und die uns beim Heilen als Informationsträger dienen. Diese Wellen sind nicht an Raum und Zeit gebunden. Wie könnte es dann eine Rolle spielen, ob unser Patient vor uns auf der Liege in der Praxis oder ganz weit von uns entfernt auf einer Liege in Bombay liegt?"
„Ich kann nur sagen, Herr Bittscheidt", erwidert der Psychotherapeut, „wenn ich Ihnen zuhöre, so klingt aus dem, was Sie sagen, ein leichter Erklärungsnotstand heraus. Aber da gibt es keinen Erklärungsnotstand; alles liegt viel zu klar auf der Hand. Ich weiß als Psychologe was passiert, wenn ich an

einen anderen, mir sehr lieben Menschen denke. Wie sollte es denn überhaupt gehen, dass dieser Mensch nichts davon spürt?“
Und er erläutert mir an einem Beispiel aus der Welt der Psychiatrie, wie es ist mit der Erklärung eines Sachverhaltes, der an sich klar ist. Und dazu erzählt er folgende Geschichte:

„Im Wartezimmer einer psychiatrischen Praxis sitzt ein Patient und wartet auf seinen Arzt. Als er an der Reihe ist, wird er ins Sprechzimmer gebeten und nach einer Weile erklärt er seinem Psychiater, er habe zu Hause eine Kuh, die sprechen könne. Der Psychiater nimmt diese Mitteilung ohne Anzeichen von Erstaunen zur Kenntnis, erklärt aber dem Patienten, dass er ihm die Sache mit der Kuh erst glaube, wenn er sich selbst davon überzeugt habe. Arzt und Patient vereinbaren einen Besuchstermin für den nächsten Tag um 16.00 Uhr. Am nächsten Tag, es ist Mittwoch, findet sich der Psychiater gegen 16.00 Uhr im Hause seines Patienten ein. Der Patient führt ihn ins Wohnzimmer, bietet Kaffee an und beginnt ein oberflächliches Gespräch. Dann entschuldigt er sich für einen Augenblick; er wolle nun die Kuh hereinholen. Nach wenigen Minuten erscheint er mit der Kuh, die im Wohnzimmer stehen bleibt, den Psychiater freundlich begrüßt und sagt, sie habe in diesem Hause die Planstelle der Kuh. Auch sie führt mit dem Psychiater ein relativ oberflächliches Gespräch und nach fünf Minuten verabschiedet sie sich; sie wolle nicht unhöflich sein, aber sie habe noch im Stall zu tun.
Als die Kuh das Wohnzimmer verlassen hat, schaut der Patient seinen Psychiater erwartungsvoll an. ‚Glauben Sie mir jetzt?‘
‚Dass Sie eine einzelne sprechende Kuh haben‘, antwortet der Psychiater, ‚das will ich ja noch glauben. Aber dass Kühe sprechen können, das glaube ich erst, wenn sie mir zehn sprechende Kühe zeigen.‘“

„Wo ist denn hier der Erklärungsnotstand?“, frage ich den Psychologen und Psychotherapeuten.
„Die Sache mit der einen Kuh“, so führt mein Patient aus, „lag doch wohl absolut klar auf der Hand. Kühe können also sprechen. So selbstverständlich diese Tatsache auch ist, der Psychiater akzeptiert sie nicht; er müsse erst zehn solcher Kühe sehen, dann wolle er glauben.
Der Patient, der Besitzer der Kuh, war in keinem Erklärungsnotstand. Ebenso wenig ist keiner in einem Erklärungsnotstand, der das Funktionieren einer *so genannten* Fernheilung beweisen will.“

Wir befinden uns also im Behandlungszimmer meiner Praxis. Ich sage zu meinem Patienten, dem Psychologen: „Eine der bekanntesten und berühmtesten Heilerinnen, die die Welt heute kennt, ist Barbara N. Brennan. Nach Beendigung ihres Studiums der Physik war sie wissenschaftliche Mitarbeiterin der NASA am Goddard Space Flight Center. Heute ist sie Heilerin, Psychotherapeutin und Lehrerin für Geistiges Heilen und beschäftigte sich in zwanzigjähriger Berufstätigkeit wesentlich mit der Erforschung von Energiefeldern ihrer Versuchspersonen und Patienten. Sie hat eine Ausbildung als bioenergetische Therapeutin an führenden amerikanischen Instituten hinter sich und hat darüber hinaus bei indianischen und nicht-indianischen amerikanischen Heilern gelernt. Sie leitet Seminare und Kurse zum Thema des menschlichen Energiefeldes, Heilen und Channeling. Sie ist die Begründerin der ‚Barbara Brennan School Of Healing‘, in der sie eine vierjährige Ausbildung in der Kunst des spirituellen Heilens anbietet. Von ihr stammt der Satz: *‚Das menschliche Energiefeld existiert überall; Fernheilung ist nicht Fernheilung.‘*

Wir können deshalb nicht sagen, es gäbe keine Fernheilung, allerdings handelt es sich um eine ganz normale Art spirituell-energetischen Heilens. Durch einige Einzelheiten mag es sich vom üblichen Heilen unterscheiden, z. B. fehlt der Ritus des Handauflegens, fehlt die körperliche Berührung zwischen Therapeut und Patient, fehlt die Atmosphäre des Behandlungsraumes, aber diese Begleiterscheinungen machen aus dem, was Fernheilung genannt wird, noch nicht eine spezielle Form des Heilens."

Herr Breuer: „Ich übe den Beruf des Heilers ja nicht aus; ich bin mir aber ziemlich sicher, dass es genügen würde, sich fünf Minuten neben den Patienten zu setzen und sich ihm mit liebenden Gedanken und vielleicht mit einem Gebet zuzuwenden. Dann könnten wir alle Aspekte berücksichtigen, die das geistig-energetische Heilen ausmachen."
Ich kann dies nur bestätigen und erwähne: „Was mir an Brennan so gefällt, ist ihre ausgeprägte Spiritualität. Von ihr ist die Affirmation überliefert:
‚Ich gebe mich dem Willen Gottes hin.
Mein Herz und meine Seele schenke ich Gott.
Ich verdiene das Beste im Leben.
Ich bin eine Manifestation Gottes.'
Und ich denke an den Satz: *‚Wir sind in diesem Leben nicht Menschen, die eine spirituelle Erfahrung machen, sondern wir sind spirituelle Wesen, die eine menschliche Erfahrung machen.'*
Für mich ist der Begriff der Fernheilung eigentlich nicht mit dem Begriff des spirituellen Wesens in Zusammenhang zu bringen. Ich glaube nicht, dass spirituelle Wesen in den Dimensionen von nah oder fern denken. Ich glaube, spirituelle Wesen haben einen vitalen Kontakt zur Unendlichkeit. Wenn sie heilen, dann heilen sie und halten sich nicht an

irgendwelche Begrenzungen durch Kilometer oder Kontinente.“

„Ich habe einen Patienten“, so fährt Herr Breuer fort, „der arbeitet als Heiler. Er kommt aus keinem medizinischen Beruf. Ich kenne keinen Menschen, der der geistigen Welt, so wie ich sie versuche zu erahnen, näher steht als dieser Mann. Er berichtete mir einmal von einer Vision, die er hatte. Er sah von oben auf ein unendliches Meer, das nur schwach beleuchtet war und von Horizont zu Horizont reichte. In diesem unendlichen Meer nahm er in seiner Vision einzelne kleinere Inseln wahr und er wusste, das waren die Kontinente der Erde. Und in riesigen Höhen über diesem Meer nahm er ein schwaches Leuchten wahr und dieses Leuchten sagte: ‚Der Geist Gottes schwebt über den Wassern.‘ Wir kennen ja diesen Satz aus der Schöpfungsgeschichte. In diesem Augenblick, so sagte mir mein Patient, wusste er, dass er zum Heilen berufen war und in wessen Vollmacht er heilte.
Wenn ich an diese Vision des Patienten denke, dann weiß ich, was ein spirituelles Wesen ist. Fernheilen? ... Nein, hier ging es um Heilen in Gottes Unendlichkeit.“

Mehr und mehr gebannt hatte ich dem Psychologen und Psychotherapeuten dort auf der Liege vor mir zugehört; ein Krebspatient, möglicherweise kurz vor dem Ende seines Lebens. Aber er trug eine so leuchtende Kraft in sich, dass ich mir nicht vorstellen konnte, dass ich diesen krebskranken Mann einmal überlebe. Ich müsste denn zu derselben spirituellen Kraft aus dem Unendlichen heraus finden, wie er es in seinem Leben wohl geschafft hatte.

„Ich kenne auch einen Menschen, der betreibt Heilung aus der Ferne“, erzähle ich noch Herrn Breuer, „würde aber auch

niemals auf die Idee kommen, diese Art der Heilung Fernheilung zu nennen. Da sind nicht nur quantenphysikalische Argumente, die dagegen sprechen; da sind viel mehr tief innen Begriffe von Unendlichkeit des Universums, unendlichen Energiemengen, unendlichen Informationsfeldern, unendlicher heilender göttlicher Liebe, so dass darin eine Entfernungsangabe fürs Heilen keinen Platz hat. Dieser Mensch hat ein junges Leben von 26 Jahren und eine weise, erfahrene Seele. Dieser Mensch ist meine jüngste Tochter Clara. Nachdem sie zunächst Kunst studiert hatte, begann sie eine Ausbildung zur Heilpraktikerin. In dieser Zeit fragte sie sich, was denn Geistiges Heilen sei. Als sie mir erzählte, was sie im Rahmen von Meditationen während ihrer Ausbildung zur Heilerin gesehen hatte, geschah dies recht beiläufig, aber es waren Bilder, die ich bis heute in meinen Meditationen nicht in dieser Deutlichkeit gesehen habe. Und Clara erzählte mir mit gleicher Beiläufigkeit davon, wie sie einigen ihrer Freundinnen in Süddeutschland in gesundheitlichen und manchmal seelischen Fragen helfen könne – per Telefon (für Anhänger der Fernheilung: Clara lebt in Hamburg, die Freundinnen in Bayern). Clara spürt die Schmerzen der Menschen, mit denen sie telefoniert. Sie erzählt ihnen Dinge über deren Organbeschaffenheit ebenso wie über deren psychische Verfassung. Ich fragte einmal: ‚Woher weißt du diese Einzelheiten?' Daraufhin Clara erstaunt: ‚Na, ich fühle sie doch.' Ich sage: ‚Aber ihr seid doch beide am Telefon.' Darauf lacht Clara und sagt begütigend: ‚Ach Papa, es gibt Dinge, die kann ich dir nicht erklären.'
Wissen Sie, wie ich mich dann fühle? Wie der Vater, der glücklich sein darf, etwas von seiner Tochter geerbt zu haben."

Mir wurde schon mehrfach die Frage gestellt: „Sind Sie nur Heiler oder machen Sie auch Fernheilung?" Ich weiß dann nie,

was ich darauf sagen soll. Ich könnte sagen: „Fernheilung gibt es nicht. Ich kann aber an Sie denken und oft genug werden Sie es spüren.“ Oft sagt dann mein Gesprächspartner: „Eben, das meine ich ja. Sie machen also Fernheilung.“
Was soll ich da noch sagen? Verstehen Sie mein Dilemma?
Man liest auch, erstaunlich bei der Fernheilung sei, dass die Kraft der ausgesandten Energie über die Entfernung nicht abnehme. Kann das nicht daran liegen, dass für die hier aktivierten Phänomene die Entfernung keine Rolle spielt? Und stimmt es, dass dann der Ausdruck Fernheilung irreführend ist?
Ich weiß jetzt, wie ich mein Dilemma löse. Ich werde sagen:
„Ich denke an Sie und schicke Ihnen gute stärkende und liebende Energien, egal ob Sie in meiner Praxis sind oder in Toronto. Ich glaube, Sie werden es spüren und es wird Ihnen helfen. Denn nicht nur ich bin ein spirituelles Wesen – auch Sie sind es.“

Von Auftrag und Vollmacht

Spiritualität heißt Geistigkeit. Wie man ein ritterlicher Mensch sein kann, so kann man auch ein spiritueller Mensch sein. Oder man kann dazu werden ...

Es gab eine Nacht in meinem Leben, in meinen so genannten „besten Jahren“, da hätte ich mir das Leben genommen, wenn ich ein passendes Werkzeug dazu gehabt hätte. Ich litt an einer furchtbaren Krankheit, für die es nur eine statistische Überlebensrate von fünf Prozent gab. Fünf Prozent überlebten laut Statistik bis maximal 2 Jahre nach Diagnosestellung.
Die Krankheit hatte mir vieles genommen. Ich wünschte mir nichts sehnlicher als ein schnelles Ende. Die Gebete, die mich bisher durch mein Leben begleitet hatten, gaben mir keinen Halt mehr. Das verstand ich am allerwenigsten. Ich versuchte mich von meinem Bett zu erheben, wollte ein letztes Mal aus dem Fenster in die Nacht schauen, die Sterne sehen, die Nachtluft atmen. „Wer weiß, wo du wach wirst?“, ging es mir durch den Kopf. Ich fiel zurück, ich war so schwach, dass ich nicht mal mein Bett verlassen konnte.
Dann stand ein Wort in meinem Herzen. Keine Leuchtschrift am Horizont, kein helles Licht in meinem Krankenzimmer. Ich glaubte auch nicht, plötzlich fliegen zu können. Aber dieses Wort war in mir, und ich weiß noch heute, es war alles, was in diesen Sekunden voller Verzweiflung, voller Schmerz, voller Anklage, in diesen Sekunden grenzenloser Mutlosigkeit, in diesen Sekunden des Abschieds in mir war. Das Wort hieß „Vater“. Ich hatte gebetet in meinem Leben. Ich hatte zu Gott gebetet. Ich hatte zu Christus gebetet, ich hatten den Heiligen Geist um Erleuchtung gebeten, aber außer dem für mich formelhaften „Vater unser“ hatte ich nie ein Gebet mit dem

Wort „Vater“ begonnen. Und jetzt, in dieser dunkelsten Nacht meines Lebens, erlebte ich das Wort Vater. Es erfüllte mein Herz. Es wurde zum beherrschenden Bild in mir. Ich fühlte das Wort. Es wärmte meine Haut, es breitete sich als warme Woge in meinem Magen aus. „Vater“, hörte ich mich halblaut sagen und nach einer langen Pause mich fragen: „Wo warst du?“ Und dieses Gestalt gewordene Wort in mir sagte: „Ich bin immer da. Wo warst *du*?“

Heute fällt mir dazu der Schluss einer englischen Ode ein, in der ein Mensch am Ende seines Lebens von Gott eingeholt wird, und dieser Mensch fragt sich: „War meine Nacht am Ende nur der Schatten Seiner ausgestreckten Hand?“

In den folgenden Stunden in meinem Krankenzimmer fühlte ich nur endloses Aufgehobensein, Angekommen- und Angenommensein. So wurde ich in dieser Nacht in die Spiritualität hineingeboren. Und ich wusste, dass ich trotz aller Statistik in der Welt bald wieder gesund sein würde. Und ich fühlte mich von einer Liebe getragen, die ich in den 42 Jahren, die mein Leben damals alt war, niemals gespürt hatte.
Ich begann mein Leben neu zu ordnen. Und immer war mir bewusst: Gott hatte in den Abgrund gegriffen und mich bei der Hand genommen und meinen Sturz ins Bodenlose aufgehalten. Ich verstand jetzt den wirklichen Sinn des Wortes „Loslassen“. Ich öffne meine Hände und lasse die vermeintlichen Haltegriffe meines Lebens los. Und jetzt hält mich Gott, wenn nichts mehr da ist, woran ich selbst mich festhalten könnte. Und diese Erfahrung macht nicht nur spirituell, sie macht auch demütig. Demut ist nicht irgendeine konfessionelle Marotte für Leute, die ihre Wirbelsäule nicht mehr aufrichten können. Demut ist heute für mich der Mut, der mich meine eigenen Zäune

übersteigen lässt und mich auf den Weg schickt zu meinen Mitmenschen.

Die große Erfahrung am Grunde meines Lebens vermittelte mir noch eine wesentliche und neue Einstellung, nämlich eine andere Einstellung zur Krankheit.
Nach Willigis Jäger ist das Schlimme an der Krankheit beim ersten Hinschauen ein Mangel an Sinn. Und das hängt davon ab, was der Mensch unter Glück und was er unter Sinn versteht. Glück ist oberflächlicher. Glück bedeutet Gesundheit und ein langes Leben, gesunde Kinder, einen sicheren und erfüllenden Beruf, materielle Sicherheit in umfassendem Sinne, Zuwendung und Liebe zu erfahren. Sinnhaftigkeit geht tiefer und meint nach Jäger, eine endgültige Antwort auf den Sinn des Lebens gefunden zu haben.
Die Heilswege sind ganz unterschiedlich, aber wie sie auch sein mögen, sie führen durch Konfrontation, oft durch Not, Angst, Sterben und Tod.
Das Leben zwischen Geburt und Tod ist unvollständig. Es ist angreifbar und besitzt nicht die Zusicherung von etwas Bleibendem bis auf unser Geborgensein in Gott. Das ist im universalen Wertesystem in den ganz oberen Rängen angesiedelt, und so geben uns Erfahrungen wie die eben geschilderte Erfahrung meiner „dunklen Nacht“ auch in der Krankheit Geborgenheit und Zuversicht.

Sokrates, Philosoph im antiken Athen, trat entschieden dafür ein, nicht die Symptome einer Krankheit zu heilen, sondern den ganzen Menschen, also Körper, Geist und Seele. Ich glaube nicht, daran wird sich etwas ändern, wenn die Neurobiologie entschlüsselt hat, wie der Geist den Körper heilt.

C. G. Jung war sogar der Auffassung, der Mensch könne sich nur dann ganz entfalten, wenn er das Göttliche mit einbeziehe. Wenn aber das Wohlbefinden so weit hinabreicht und so tief verankert ist, dann muss auch Krankheit viel tiefer reichen als die Symptome. Wir werden krank, wenn unsere physischen Grundbedürfnisse nicht erfüllt werden. Wir werden aber ebenso krank, wenn unsere spirituellen Grundbedürfnisse nicht erfüllt werden.
Und, so wieder Willigis Jäger, „die Tragik liegt darin, dass viele diese spirituellen Grundbedürfnisse nicht spüren.“ Wir stillen sie nicht und werden krank. Wenn wir einen Arzt finden, der uns hilft, unseren wirklichen Hunger zu erkennen, oder einen Therapeuten oder einen spirituellen Heiler, dann brauchen wir die richtige Nahrung, um gesund zu werden oder um gesund zu bleiben. Ärzte und Therapeuten mögen uns zu uns selbst führen und uns für unseren Mangel die Augen öffnen, aber als spiritueller Heiler darf ich auf den Patienten zugehen, Gott um seine Hilfe bitten, dem Menschen die Hände auflegen und mit meiner Meditation beginnen.

Sehen Sie, das ist unser Auftrag. Und während ich später zum Handauflegen sage: *„Ich bringe dir die Liebe und die heilende Kraft unseres Herren Jesus Christus“*, weiß ich mich bevollmächtigt durch das Christuswort: „Heilt Kranke, erweckt Tote, macht Aussätzige rein, vertreibt böse Geister“ (Mt 10,8).

Die Verbindung mit unsichtbaren Mächten ist in gleicher Weise gegeben, ob wir uns dem Gebet widmen, der Meditation oder dem Heilen. Die Fragestellung hat deshalb in erster Linie zu lauten: „Von welchem Geiste ist ein Gläubiger oder ein Heiler geführt oder geleitet?“
Ich für meine Auffassung als Christ einerseits und als Arzt und Heiler andererseits möchte in Beantwortung dessen kurz über

das berichten, was ich für meine Tätigkeit als ganzheitlich-spiritueller Heiler als meine Ermächtigung ansehe, meine Initiation.

1994 besuchte ich eine alte Dame, die schon seit Jahren meine Patientin und seit einiger Zeit wegen ihrer Erkrankung bettlägerig war. Ich arbeitete damals noch ausschließlich als schulmedizinisch orientierter Orthopäde, war aber von dieser älteren, sehr treuen und recht kranken Patientin als Hausarzt sozusagen annektiert worden. Ich klingelte, die Hausdame und Pflegerin öffnete mir; ich ging ins obere Stockwerk, ins Schlafzimmer zu meiner Patientin und begrüßte sie. Sie begrüßte mich mit einem forschenden Blick ihrer dunkelblauen Augen und streckte mir dann die Hand entgegen. Mit den Worten: „Herr Bittscheidt, heute haben wir etwas zu besprechen“, tastete sie mit ihrer Linken zum Nachttisch herüber und nahm von dort eine Bronzeplakette, etwa 5 x 8 cm groß. „Sehen Sie“, begann sie ihre kleine Ansprache, „diese Plakette hat mich durch die zweite Hälfte meines Lebens begleitet. Mein Ehemann war Major der Luftwaffe und fiel im 2. Weltkrieg in Russland. Nach dem Krieg kam einer seiner Freunde und Kriegskameraden auf mich zu. Er bot mir seine Hilfe an, mir und den Kindern, und er schenkte mir diese Plakette. Ich war ja als Kunsthistorikerin und Restauratorin viel unterwegs in Deutschland, und in meinem ‚Volkswagen‘ wünschte er einen kleinen Platz für diese Plakette. Sie werde mich in den Jahren und auf den Wegen, die vor mir lägen, immer beschützen. Wissen Sie“, schaute sie mich an mit großen Augen in schmalem, faltigem Gesicht, „die Plakette zeigt den Erzengel Raphael und Tobias auf einer gemeinsamen Reise.“

„Aha“, dachte ich, „ein Erzengel als Reisebegleiter.“

„Nun habe ich mir überlegt“, so meine Patientin weiter, „wem ich den Raphael einmal vermachen könne. Meine Kinder haben nicht so rechten Zugang dazu, weltanschaulich, wissen Sie, und plötzlich kam ich auf Sie.“
„Was wissen Sie über meine Weltanschauung, genauer über meine religiösen Vorstellungen oder Überzeugungen?“
„Genug um zu wissen, dass Raphael bei Ihnen gut aufgehoben ist oder besser, Sie bei ihm“, sagte sie mit einer Bestimmtheit, die nur Menschen mit einer starken Persönlichkeit zum Ausdruck bringen oder alte weise Menschen oder Menschen, die ihr Leben zwar im Wesentlichen hinter sich haben, aber auch wissen, dass sie noch etwas Großes, Befreiendes vor sich haben.
Ich schaute als der annektierte Hausarzt nach dem Rechten, dann nahm ich Raphael und Tobias, ließ die Plakette in die Jackentasche gleiten, dankte, verabschiedete mich und verließ das Haus.

Ein halbe Stunde später, es war gegen fünf Uhr nachmittags, saß ich meinem Jugendfreund Medard Kehl in einem ruhigen Café gegenüber. Wir trafen uns etwa zwei Mal im Jahr. Medard war Theologe in Frankfurt. Es lebten aber noch Mutter und einige Geschwister von ihm in Bonn, wo ich meine Praxis hatte. Medard war mein Haustheologe fürs Kleine, für Ratschläge, Auskünfte, eben für den theologischen Haus- und Schriftgebrauch, eine Rolle, die seinem hervorragenden Platz unter den internationalen theologischen Autoren bei weitem nicht mehr entsprach. Dachte ich an unser Verhältnis, so kam mir oft sein Wunsch in den Sinn, einmal, wenn er alle großen Werke seines Lebens geschrieben hätte, schließlich eine Kinderbibel zu schreiben, denn, so Medard, das sei ja wohl das Schwerste von allem; er hat es mir nie gesagt, aber ich glaube, für noch ein klein wenig schwieriger hielt er seine

gelegentliche Aufgabe, sich mit einem Orthopäden und Chiropraktiker über Gott und seine Heiligen zu unterhalten.
Medard bestellt sich also eine Tasse Schokolade und ein Stück englischen Teekuchen, ich eine Tasse englischen Tee und ein Stück Schokoladenkuchen. Schon seit unserer Jungenzeit pflegen wir solche Bräuche; speziell dieser Brauch signalisierte dem anderen: „Du siehst, ich denke mit.“ Früher nannten wir ihn „Kongruenz der Geschmäcker“, aber vieles geht eben im Lauf der Jahrzehnte verloren.
Ich nehme jetzt meine Raphael-Plakette aus der Jackentasche und platziere sie vor Medards Teller.
„Medard, wer ist das?“
Er schaut genauer hin. „Zwei Männer; warte – einer hat große Flügel – ein Engel, und der andere Mann hat einen Wanderstab und trägt lang geschnürte Sandalen; ein Hund springt an ihm hoch. Der Engel ist sein Reisebegleiter, richtig?“ „Wenn du meinst ...“
„Ja sicher, dann ist der Engel Raphael, Engelfürst, Erzengel, zuständig in der Bibel für Reisebegleitung und Heilung – und der Mann an seiner Seite ist Tobias. Das kürzeste Buch des alten Testamentes, das Buch Tobit, erzählt von der Geschichte, wie Raphael sich dem Tobias als Begleiter für eine lange Reise anbietet. Nach der Rückkehr ins Haus des Vaters von Tobias heilt Raphael den Vater, Tobit, von seiner Augenkrankheit.“
„Hatte er nicht auch einen Bandscheibenvorfall?“, frage ich als Orthopäde.
„Hör weiter zu“, sagt Medard gespielt ärgerlich und fährt fort: „Natürlich will jetzt Tobit wissen, wen er vor sich hat; er will ihm auch seinen Lohn für die weite und lange Reisebegleitung geben. Der Engel aber nimmt Vater und Sohn beiseite und sagt zu ihnen: ‚Die Geheimnisse eines Königs muss man verschweigen, aber was Gott im Verborgenen tut, soll man öffentlich bekannt machen ... Damals, als du ohne Zögern von

deinem Mahl aufstandest, um den Toten zu begraben, hat Gott mich zu dir gesandt, um dich auf die Probe zu stellen. Und ebenso hat er mich gesandt, um dich und Sara zu heilen. Ich bin Raphael, einer der sieben Engel, die vor Gottes Thron stehen und seiner strahlenden Herrlichkeit nahen dürfen.‘ Es folgen noch Abschiedsworte, und Raphael zieht sich in den Himmel zurück.“
Ich bin sprachlos, Medard als Alttestamentler. „Medard, seit wann bist du Alttestamentler?“
„Bin ich nicht. Es ist in meinen Kreisen Allgemeinwissen. Ich bin weiterhin Dogmatiker“
„Was tun Dogmatiker?“
„Sie achten darauf, dass die Scheuklappen konservativer Theologen keinen Schaden nehmen. Aber je länger sie forschen, umso länger werden die Scheuklappen.“
Inzwischen ist meine Teetasse leer, sein Kakao noch nicht.

Wirklich sprachlos bin ich dann drei Jahre später, im Zusammenhang mit Raphael, dem Erzengel, der mir oft zur Seite gestanden hat inzwischen.
Ich hatte in der Zeit um 1997 einige Träume im Rahmen tiefer Meditation. Einmal sehe ich mich in einem Dom mit achteckigem Grundriss auf den Stufen zum Altarraum. Am Fuße der Stufen steht ein junger Mann in schlichtem, hellgrauem Umhang. Seine Haare sind blond. Ich schaue ihn an. Alles an diesem jungen Mann drückt Ruhe und Bescheidenheit aus. Bei diesen Begegnungen habe ich nie erlebt, dass ich spreche oder mein Gegenüber. Trotzdem findet ein Gedankenaustausch statt. Ich denke dann später oft an die Lichtsprache in Science-Fiction-Filmen.

Ich „sage“ also zu diesem Mann, ohne auch nur einen Augenblick überlegen zu müssen: „Du bist sicher ein Abgesandter des Erzengels Raphael.“
„Nein“, erwidert er, „Ich *bin* Raphael.“ Er wirkt sehr freundlich und sehr ernst. „Wie kannst du hier sein“, frage ich weiter, „wenn du doch vor dem Throne Gottes stehst?“
„Ich kann hier sein, *weil* ich vor dem Throne Gottes stehe.“
Nun hält er einen dunkelblauen Umhang oder Mantel im Arm, den er mir von hinten über die Schultern legt. Er ist vorne offen und fällt mir bis auf die Füße.
„Benutze ihn bei der Arbeit, die vor dir liegt.“ Der Engel ist plötzlich nicht mehr da und das Innere des Domes ist in gleißendes, weißes und weißblaues Licht getaucht.
Später frage ich einen Freund, der sich in der Welt des Heilens recht gut auskennt: „Was mache ich mit der Farbe Blau?“
„Mit Blau kannst du auf recht hoher Ebene heilen. Es kommt in der Rangfolge gleich hinter dem weißen Licht, einem Symbol göttlicher Heilkraft. Warum fragt du?“
„Ach, es war so eine Idee ...“, antworte ich.

Dass sich ein weiterer hoch prominenter Helfer in den Dienst meiner Heilerarbeit stellte, geschah unter fast dramatischen und jedenfalls absolut ungewöhnlichen Umständen.
Ich betrete einen Behandlungsraum in meiner Praxis und weiß, dass da ein neuer Patient auf mich wartet. Vor mir steht ein etwa 35-jähriger Schwarzer aus Ghana; mit Vornamen heißt er Joshua, und sofort macht er einen Schritt auf mich zu und beginnt: „Ich habe einen bösen Geist in mir, Doktor. Manchmal kommt er heraus und dann stinkt er furchtbar. Manchmal macht er nur Lärm in meinen Ohren oder er lacht ganz hell.“
„Wird er zu Ihnen geschickt?“
„Ja, es ist ein Voodoo-Zauber.“

„Wer schickt ihn?“
„Meine Familie in Afrika – in Ghana.“
„Was machen Sie in Deutschland?“
„Ich lebe hier als Software-Spezialist, entwerfe Computerprogramme.“
Es ist nicht der erste Fall von Besessenheit, den ich zu sehen bekomme, aber Voodoo-Opfer waren noch nicht dabei.
Er legt sich auf der Behandlungsliege auf den Rücken und schließt die Augen. Natürlich rieche ich nichts, auch keinen Dämon, auch keinen Schwefel. Ich beginne mein Einleitungsgebet, während meine Hände Joshuas Kopf berühren und Teresa seine Sprunggelenke und Füße umfasst.
Ich höre ein Geräusch wie das Schnalzen mit der Zunge, das ich als Kind hörte, wenn ich neben meinem Onkel auf dem Kutschbock saß. Das Schnalzen wird immer schneller. Joshua biegt den Kopf in den Nacken. Sein ganzer Körper verkrampft sich, seine Hände sind zu Fäusten geballt, seine Augen öffnen sich. Wir sehen nur das Weiße darin.
„Im Namen des Jesus von Nazareth befehle ich dir, verlasse diesen Mann.“
Teresa hat Erfahrung in der Behandlung von Besetzungen.
Dann ein neues Geräusch; es ist ein Sirren wie in dünner Luft. Ein körperloses Sirren. Es wird nicht lauter, aber schneidender, so als zöge ich meinen Fingernagel an einer Tafel entlang nach unten. Dann geht das Sirren in ein nicht-menschliches Gelächter über. Joshua stöhnt; sein Stöhnen wird überlagert von diesem schneidenden körperlosen Gelächter. Sein Kopf dehnt sich weit nach hinten, sein Oberkörper hebt sich von der Liege ab. Joshua berührt die Liege jetzt nur noch mit seinem Hinterkopf und der Rückseite seiner Fersen. Teresa hält mit schmerzhafter Miene die Augen geschlossen und bewegt lautlos die Lippen. Ihre Hände liegen gekreuzt über dem Herzchakra von Joshua.

Und dann ist mir plötzlich, als sähe ich alles von schräg oben; ich sehe auch mich da stehen. Eine heiße Welle von leidenschaftlichem Zorn durchflutet mich, dann werde ich ruhig bis in mein tiefstes Inneres, fühle mich stark, rein und frei. Ich fühle mich in blaues Licht gehüllt, höre keine Laute mehr, fühle mich außerhalb des Behandlungsraumes.
Eine Weile sehe ich nur dieses helle blaue Licht. In der Esoterik steht es für die Energie des Erzengels Michael.
Als Joshua tief atmet, schaue ich ihn an. Er liegt da völlig normal, ruhig, locker. Sein Gesicht schläft, dann öffnet er die Augen, schaut zuerst Teresa an, dann mich, und dann lächelt er unendlich erleichtert: „Alles ist so leicht. Ich kann wieder richtig atmen.“ Er atmet tief durch. Sein Lächeln bleibt. „Dieses furchtbare Lachen hat aufgehört.“ Ich schaue Teresa an, wir nicken uns zu, verabschieden uns von Joshua und verlassen den Raum. Draußen im Gang lehnen wir uns erschöpft gegen die Wand.

Auf einem Fachkongress für die Chirotherapie der oberen Halswirbelsäule tritt mein alter Freund und Kollege Hans an mich heran. Wir waren zusammen Oberärzte in Süddeutschland und haben Ärztekurse für Chirotherapie gehalten.
„Was habe ich von dir im Fernsehen gehört?“, fragt er lachend, „Heilen ohne Medizin, Glaubensheilungen bei Bandscheibenvorfällen, Handauflegen bei Arthrose der Gelenke ... Sag mal, glaubst du daran?“ „Ich weiß es, Hans, ich hab’s nämlich oft genug erlebt. Hättest du es mir vor zehn Jahren in der Kantine in der Klinik erzählt ... Ich hätte gesagt: ‚Hans, vergiss es.‘ Aber heute sehe ich Menschen, die bei 6 – 8 Orthopäden waren; es geht ihnen immer mal etwas besser, aber nur graduell und nicht für länger. Oder es kommt eine Frau

nach 40 Jahren Migräne.“ Hans zieht die Luft zwischen den Zähnen ein: „Das gibt’s wirklich, nicht?“
„Und ob es das gibt ...! Vielen kann ich helfen, Hans. Ich weiß nicht wie, aber es hilft ... Ach, natürlich weiß ich, was hilft: Gottes Liebe und die Hilfe seiner Engel. Es ist ein einziges spirituelles und menschliches Abenteuer. Keine Lust dazu, Hans?“
„Vielleicht schau ich mal für einen Tag vorbei. Ich wundere mich ja nicht das erste Mal über dich.“

Behandeln oder Heilen – Die Faszination der Ganzheitlichkeit

In den letzten Februartagen erreichte mich eine E-Mail, in der sich die Schwester einer an Krebs erkrankten Patientin erkundigt, ob ich wohl ihrer Schwester helfen könne. Die Patientin war an einem bösartigen metastasierenden Dickdarmkarzinom erkrankt. Die Erkrankung, die Operation und die anschließende intensive Nachbehandlung, u. a mit mehreren Chemotherapie-Zyklen, hätten ihre Schwester völlig erschöpft und so möchte sie anfragen, ob ich wohl glaubte, ihrer Schwester helfen zu können. Ich möge Verständnis für diese Frage haben, denn sie wolle wegen des sehr reduzierten Zustandes ihrer Schwester dieser eine unnötige Reise zu meinem Praxisort ersparen.
Meine E-Mail-Antwort lautete, ich könne zwar nichts versprechen, würde aber gerne mein Bestes versuchen. Und wegen der weiten Anfahrt (etwa 300 km) schlug ich der Schwester der Patientin vor, sich zweimal zu einer Meditationssitzung im Sinne einer spirituell-energetischen Behandlung in meiner Praxis einzufinden. Das Weitere könne man dann im Sinne einer so genannten Fernheilung versuchen. Dieses Vorgehen möge sie aber bitte als absolute Ausnahme betrachten, da ich eigentlich mit Fernheilungen ungern arbeite und mich lieber darauf konzentrieren würde, die Patienten in meiner Praxis zu behandeln.

Hier ist nun die Antwort der Patientenschwester wiedergegeben, die mir wiederum als E-Mail zugeschickt wurde. Hier heißt es wörtlich:

„Sehr geehrter Herr Dr. Bittscheidt,
zunächst einmal vielen Dank, dass Sie so schnell auf meine Anfrage geantwortet und ihre Hilfe angeboten haben. Ich habe daraufhin zwei Termine für den 13. und 14. März mit Ihrer Praxis vereinbart, die ich nun aber am Montag wieder absagen musste, da wir vorgestern erfahren haben, dass meine Schwester einen neuen bösartigen Tumor am Hals hat (Metastase vom Darmkrebs, Lymphknotenkrebs oder Speicheldrüsenkrebs?). Wie die Untersuchungen gestern ergeben haben, ist der Tumor 3 cm lang und 2,5 cm hoch und sitzt direkt an der Halsschlagader. Am Dienstag soll er operativ entfernt werden. Wie Sie sich sicher vorstellen können, sind wir alle völlig verzweifelt. In Ihrer Antwort schrieben Sie, dass Sie die Behandlung nach zwei Terminen vor Ort durch ‚Fernbehandlung' fortsetzen könnten. Ist es Ihnen unter diesen Umständen auch möglich, zumindest den Heilungsprozess nach der Operation durch „Fernbehandlung" zu unterstützen? Ich wäre Ihnen unendlich dankbar.
Ich bin mir bewusst, dass ich eigentlich Unmögliches von Ihnen verlange, aber ich weiß einfach nicht mehr weiter.
Außerdem war es mir wichtig, mich noch mal zu melden und Sie wissen zu lassen, warum wir Ihr Angebot zur Zeit nicht annehmen können.
Viele liebe Grüße ... N. N.
P. S. In der Anlage sende ich Ihnen, wie von Ihnen erbeten, ein Foto meiner Schwester."

Es folgte fünf Tage später eine weitere E-Mail:
„Sehr geehrter Herr Dr. Bittscheidt,
Sie hatten mich gebeten, Sie wissen zu lassen, wann ihre Unterstützung besonders wichtig ist. Meine Schwester wird am Freitag um 9.00 Uhr morgens operiert.
Vielen Dank für alles! Ihre N. N."

Nach weiteren vier Tagen erreicht mich noch eine E-Mail. Sie lautet:
„Lieber Herr Dr. Bittscheidt,
hier eine kurze Rückmeldung bzgl. meiner Schwester. Die OP am Freitag ist besser gelaufen als erwartet und hat ‚nur‘ ca. 3 Stunden gedauert (keine Öffnung des Brustkorbes, keine Durchtrennung des Schlüsselbeines, keine Rekonstruktion der Gefäße) und nach zwei weiteren Tagen konnte meine Schwester die Intensivstation verlassen. Körperlich geht es ihr also besser, als alle erwartet hatten. In zwei Tagen kommen die Ergebnisse der histologischen Untersuchung.
Vielen, vielen, vielen Dank für Ihre Hilfe!!! (Unsere gesamte Familie und viele Bekannte beten tgl. in der Zeit zwischen 20.00 und 21.00 Uhr für meine Schwester.)
Mit ganz herzlichen Grüßen
N. N.“

Zunächst einmal möchte ich meiner Meinung Ausdruck geben, dass der Dank in erster Linie den tüchtigen Chirurgen gebührt, die den an schwieriger Stelle sitzenden Tumor operativ entfernt haben.
Sodann denke ich, dass es nicht zutreffend ist, wenn man von „Fernheilung“ spricht. Denn soviel ich orientiert bin, bedienen wir uns beim Heilen über verschieden große Distanzen hinweg energetischer Wellen im Sinne der Quantenphysik mit einem hohen Potential an heilender Information, und wir wissen, dass für energiereiche Wellen Raum und Zeit kein Thema sind – ebenso wenig wie für spirituelle Gedanken, die als Grundkonzept Gottes ‚heilende Liebe‘ enthalten. Und niemand wird der Meinung sein, dass Gottes heilende Liebe auf die Trägerphänomene von Raum und Zeit angewiesen ist.
Die positiven Wirkungen des Gebets sind in der Literatur über Geistiges Heilen hinlänglich beschrieben. Hält man im Rahmen

von Untersuchungen die Ergebnisse von mit Gebet behandelten gegen die nicht mit Gebeten behandelten Kontrollgruppen, so schneiden die Patienten mit Gebetsbegleitung ganz eindeutig besser ab. Und meine Rolle bei dieser Teilgeschichte einer Tumorerkrankung lag darin, mich in die Gruppe der helfenden Beter einzugliedern. So einfach ist das.

Ich finde so wohltuend, dass die Patientin offenbar von Familie und Freunden durch ihre Krankheit hindurch begleitet wird. Denn die Diagnose Krebs wie auch die Therapie bedeuten für die Patienten – und oft auch für ihre Umgebung – eine enorme seelische Belastung. In fast allen Fällen löst die Mitteilung der Diagnose eine psychische Krise aus. Die Schwester der Patientin schreibt dann auch entsprechend, wie sehr schlecht es ihrer Schwester gehe und dass sie völlig verzweifelt sei (erste E-Mail, hier nicht wiedergegeben), und über die Angehörigen finden wir den Satz: „Wie Sie sich sicher vorstellen können, sind wir alle völlig verzweifelt.“
R. Schwarz, Diplomsoziologe und Facharzt für psychotherapeutische Medizin schreibt, die Diagnose Krebs wie auch die Therapie bedeuten für die Patienten eine enorme seelische Belastung, die zu den körperlichen Problemen hinzukomme. Deshalb dürfe Unkonventionelles in der Therapie nicht ausgespart bleiben. Er schreibt: „Wie die Radiotherapie wird auch die Chemotherapie von den Patienten oft als sehr belastend empfunden. Unerwünschte Nebenwirkungen [...] lassen sich nicht immer vermeiden. Dass die Seele mitleidet, zeigt sich an unterschiedlich stark ausgeprägten Symptomen wie schwerer Müdigkeit und Abgeschlagenheit, Übelkeit, Depressivität, emotionaler Labilität und Schlaflosigkeit. Alternativmedizinischen Verfahren wenden sich viele Patienten vor allem im fortgeschrittenen Stadium ihrer Erkrankung zu; die spezifische

Wirksamkeit dieser Maßnahmen wird von fachlicher Seite meist negativ beurteilt. Für die Krankheitsverarbeitung haben solche Aktivitäten jedoch eine wichtige Funktion; vor allem Krebspatienten, die immer wieder von Ängsten heimgesucht werden, entlastet die Vorstellung, aktiv etwas dazu beitragen zu können, das Befinden zu bessern und die Gesundung zu fördern. Angestrebt ist daher, dass auch unkonventionelle Behandlungsformen zwischen Onkologen und Patienten angesprochen werden können."

Der Internist L. Geisler schreibt in seinem Aufsatz „Der gute Arzt", für viele Ärzte sei Krankheit lediglich ein Defektgeschehen, das es mit moderner Technik zu reparieren gelte. Dabei sei für den Heilerfolg das Gespräch mit dem Patienten mindestens ebenso wichtig. Und er zitiert den Mitbegründer der neuzeitlichen Medizin, Christoph Wilhelm Hufeland, der vor 200 Jahren geschrieben hat: „Es bedarf noch immer derselben Eigenschaften um ein großer Arzt zu sein wie zu Hippokrates Zeiten." Und er fragt, ob das auch heute noch gelte angesichts einer Medizin, zu der auch Chemotherapie, Organtransplantationen und Gentechnik gehören würden. Dass ein guter Arzt auch fachlich kompetent sein sollte, sei selbstverständlich, keineswegs technikfeindlich, doch lasse er sich von der Technik nicht zur Sprachlosigkeit verführen, sondern bediene sich der medizinischen Wirklichkeit in einem vernünftigen, auf seinen Patienten individuell abgestimmten Rahmen. L. Geisler betont ganz wesentlich die Notwendigkeit der persönlichen Zuwendung des Arztes zu dem leidenden Patienten. Und in einem Interview plädiert Prof. Porzsolt, Leiter des Instituts für klinische Ökonomie der Universität Ulm, für die absolut unerlässliche Aufgabe des Gespräches zwischen Arzt und Patient:

„Allein schon ein Plausch mit dem Arzt hat einen Wert. Dabei wird der Arzt zur Autorität in Sachen Heilung. Durch sein Auftreten und sein Interesse an den Beschwerden des Patienten aktiviert er dessen Selbstheilungskräfte. Entscheidend sind dafür drei Faktoren: Die vertrauensvolle Zusammenarbeit; die Information des Patienten über die Krankheitsursache; die ‚Vehikel' welche der Arzt einsetzt (Tabletten, Spritzen), verbunden mit den Erklärungen, wie sie wirken und wann mit einer Besserung der Beschwerden zu rechnen ist. In diesem Sinne ist es auch selbstverständlich, dass während der gesamten Behandlung einer Tumorerkrankung Onkologen und Patienten in einem eingehenden Dialog bleiben."

Ich habe an einer anderen Stelle meiner Fallberichte darauf hingewiesen, welch segensreiche Wirkung Geistiges Heilen bei aggressiven Therapieformen hat. Immer wieder sehen wir, dass Heiler durch Handauflegen und andere Formen Geistigen Heilens in der Lage sind, das Allgemeinbefinden sowie die aktuellen, oft objektivierbaren Befunde des betroffenen Patienten zu bessern. Geistiges Heilen führt über die Aktivierung der Selbstheilungskräfte – die in jedem Patienten schlummern, aber oft aus eigener Kraft nicht mehr eingesetzt werden können – zur Besserung und rascheren Genesung. Und immer wieder ist es hilfreich, wenn wir uns die Wirkungsweise Geistigen Heilens klarmachen. Früher gab es immer die Trennung zwischen biophysikalischen und spirituellen Ursachen. Inzwischen wissen wir, dass beides hilft und dass sich in den Grenzbereichen Naturwissenschaft und Spiritualität berühren. Wir sehen hier, wie dringend die spirituell-energetische Medizin als Ergänzung etablierter Therapiemethoden mit schulmedizinischer Ausprägung gebraucht wird.

An dieser Stelle stoßen wir auf einen weiteren Grenzbereich, nämlich zwischen Behandeln und Heilen. Heilen klingt schon mehr nach ärztlicher Kunst als das Wort Behandeln.

Müsste ich eine Rangfolge aufstellen, so würde ich an das untere Ende das bloße Behandeln von körperlichen Symptomen stellen. Auch die Einbeziehung von psychosomatischen Aspekten in das Verständnis der Tätigkeit des Behandelns bedeutet noch nicht, dass wir in eine neue Dimension ganzheitlicher Medizin vorgestoßen wären. Auf unserer Stufenleiter sind wir jetzt vielmehr bei einer erweiterten Behandlungsweise in den Bereich der psychischen Schicht des Patienten gelangt.
Und jetzt kommen wir auf der Stufenleiter auf die Ebene des energetischen und bio-informativen Diagnostizierens und Therapierens. Hier sprechen wir vom Heilen, das – wenn auch noch stark dem Patientenauftrag verpflichtet – niemals reine Auftragsmedizin im Sinne eines Gesundheitsservice ist, sondern einem inneren Heilauftrag untersteht. Auf der einen Seite steht hier ein Mensch, der in Not ist, auf der anderen Seite steht jemand, der ihm hilft oder zu helfen versucht. Wer in Not ist und Heilung erwartet, muss sich vertrauensvoll auf den einlassen können, der Heilung verspricht oder in Aussicht stellt. Voraussetzung von Heilung also ist vertrauen zu können bzw. der Aufbau von Vertrauen. Der Helfer muss zeigen, dass sein Hilfsangebot die Selbstbestimmung des Hilfesuchenden nicht verletzt und nicht aus egoistischen Motiven kommt; denn letztendlich ist es die personale Hoffnung auf jemanden, der heilt, um derentwillen der Einzelne sich an ihn wendet.

Wollen wir Heilen definieren, so müssen wir sehen, dass Heilen auf drei Stufen arbeitet: a) der physiologischen Stufe, die sich am ehesten mit Defektheilung beschreiben lässt; b) der psychosozialen Stufe, wobei Heilung bedeutet, mit sich und seiner Umwelt (Beruf, Familie u. a.) auszukommen; c) der metaphysischen Stufe, die beinhaltet, alle vitalen, psychischen und sozialen Fähigkeiten in ein Sinn-System zu integrieren.

Wir sehen, dass Heilung, so verstanden, die Möglichkeiten jeder einzelnen Ebene für sich übersteigt und damit mehr ist als die Gesamtheit der üblicherweise vorhandenen Elemente. Damit ist Heilung ganzheitlich. Heilung arbeitet daran, die verlorene Ganzheit des Patienten wieder herzustellen. Solange wir dies mit geistigen „Techniken" zu erreichen versuchen, mit Methoden, die auf quantenphysikalischen Erkenntnissen beruhen, die den Geist des Menschen und seine „Geist"lichkeit, seine Spiritualität mit einbeziehen und entsprechende Phänomene bei uns selbst als Therapieinstrumente benutzen, so lange können wir vom Heilen sprechen. Wir sehen, das ist die höchste Form des Heilens. Es ist nicht Service-Leistung, sondern ganzheitliche, vertrauensvolle Zuwendung zwischen Arzt und Patient.

Demgegenüber heißt Behandeln, sieht man einmal von der ursprünglichen Bedeutung des Wortes ab, das unbegrenzbare Bedürfnis des Patienten nach medizinischen Leistungen zu stillen zu versuchen. Einzelne Behandlungen werden schier endlos aneinander gereiht und so entsteht Kostensteigerung, aber keine Heilung. Und zu glauben, ein Patient, den wir behandeln, sei auch schon geheilt, ist ein fataler Irrtum. Deshalb dürfen wir unseren Begriff von ganzheitlichen Behandlungen nicht aufgeben, denn hier sind wir im Bereich des Heilens. Wenn wir heilen, so ist die Ganzheitlichkeit darin enthalten. Dafür müssen wir den Anschluss an unser tiefstes Wesen suchen. Von dort her kommen uns heilende und ordnende Kräfte zu; eine Energie, die hinter unserem Denken

und Wollen liegt. Sokrates meint, dass man nicht nur die Symptome einer Krankheit heilen dürfe, sondern den ganzen Menschen. Zum ganzen Menschen aber gehören Psyche und Geist und jener Bereich unseres Menschseins, den wir Spiritualität nennen oder in der traditionellen Weise „Suche nach dem Göttlichen". Nach W. Jäger gibt es kein größeres Heilmittel als unser tiefstes Wesen. Wir brauchen nur die verdeckten Schichten abzulösen, um seiner heilenden Kraft teilhaftig zu werden.
So führt uns Heilung über den Begriff der Ganzheitlichkeit zu unserem vollen Menschsein. Wir sind Menschen geworden, damit wir zu einer umfassenden Existenz reifen können. Verzichten wir darauf, selbst zu heilen oder anderen Menschen Heilung zu bringen, so gehen wir an dieser Aufgabe unseres Lebens vorbei. Vielleicht ist das der größte Fehler, den wir machen, wenn wir der Behandlung den Vorzug gegenüber der Heilung geben.

MEDIEN / DAS INTERVIEW

Mitte November erreicht mich in meiner Praxis ein Anruf von Andreas Radecky, einem Redakteur einer in ganz Deutschland etablierten Talkshow-Sendung, die sich der Aufklärung der Bevölkerung über Methoden der „sanften Medizin“ verschrieben hat. Seit etlichen Jahren erreicht diese Talkshow mit attraktiven Themen aus dem Gesundheitsbereich und mit der Darstellung sanfter, oft alternativer Therapiemethoden ein so breites Fernsehpublikum, dass sie damit, so glaube ich manchmal, auf den Gesundheitszustand der Bevölkerung einen größeren Einfluss hat als der jeweilige Bundesgesundheitsminister.

Herr Radecky stellt sich vor als Redakteur, der an der Vorbereitung einer Talkshow zum Thema „geistige Heilweisen“ bzw. „energetische Heilweisen“ mitarbeite. Es gehe um Heiler und ihre Erfolge oder eventuelle Misserfolge. An mich trete die Redaktion heran, weil ich ein Arzt sei, der später und durch eigenes Erleben aufs Heilen gekommen sei. In mehreren längeren Telefonaten werde ich gefragt über meinen Weg zum Heiler, über die Art, wie ich diese Arbeit ausübe, über meine Patientenklientel, über meine Erfahrungen mit geistigen Heilweisen im Vergleich zu schulmedizinischen Methoden, über meine spirituelle Ausrichtung und über alles, wozu man in diesem großen Zusammenhang überhaupt Fragen stellen kann. Im Dezember soll die Aufzeichnung in München sein. Am 26.11. bin ich abends im ICE nach Basel, wo alljährlich um diese Zeit der „Weltkongress für Geistiges Heilen“ stattfindet, auch „Basler PSI-Tage“ genannt. Gegen 20.30 Uhr kommt über mein mobiles Telefon ein Anruf der Münchener Redaktion. Andreas Radecky meldet: „Lieber Herr Bittscheidt, es tut uns so leid, aber unsere Heilersendung ist auf

Januar verschoben, das Datum steht noch nicht fest. Vielleicht können Sie ja in Basel Walter Ohler treffen, unseren Chefredakteur, der könnte schon mehr wissen."
„Wie erkenne ich ihn denn?", will ich wissen.
„Er trägt meistens helle Anzüge und einen hellen Schal."
„Danke, Herr Radecky. Guten Abend nach München und vielleicht bis später mal."

Gesagt, getan. Walter Ohler und ich treffen uns über Blickkontakt und Tele-Identifikation sozusagen. Ich gehe im Foyer des Tagungshotels eine Freitreppe hinunter und spreche über mein Handy auf Ohlers Mailbox: „Ich trage einen anthrazitfarbenen Anzug, eine rote Seidenkrawatte mit weißen Punkten und bin 187 cm groß." Während ich weiterrede und einen Treffpunkt vorschlagen will, steht am Fuß der Treppe jemand, lauscht in sein Handy und grinst mich an. Er trägt einen hellen Anzug und einen hellen Schal. Wir begrüßen uns und verabreden uns für den nächsten Tag. Da gäbe es einen Heiler, der habe am ersten Kongressabend, besser gesagt vor ca. zwei Stunden, einer jungen Frau im Rollstuhl die Hand aufgelegt und diese querschnittsgelähmte Frau habe danach ihren Rollstuhl verlassen und wieder gehen können. „Können wir uns mit dem Heiler zusammensetzen? Vielleicht kann er mit in die Talkshow", meint Walter Ohler.
Vierundzwanzig Stunden später treffen wir uns wie geplant im Tagungsrestaurant, Herr Ohler, der Heiler und ich.
Ohler: „Also, Sie haben dieser Frau die Hände aufgelegt und danach konnte sie wieder gehen?"
Heiler: „Ja; sie saß querschnittsgelähmt seit zehn Jahren im Rollstuhl, seit ihrem Unfall."
Ohler: „Herr Bittscheidt, könnten Sie das als Arzt so bestätigen? Vor der Kamera?"

„Also, ich habe inzwischen mit der Frau gesprochen. Es gibt von ihrer Wirbelsäule nach dem Unfall angeblich nicht ein einziges Röntgenbild, aber sie soll doch einen Wirbelbruch erlitten haben. Es gibt auch kein Computertomogramm. Das finde ich seltsam. Darüber hinaus habe ich bisher keinen konkreten medizinischen Befund der knöchernen und neurologischen Situation im Vergleich vor und nach dem Unfall gesehen. Die Frau hat mir gesagt, sie habe nach dem Unfall nur wenige Schritte gehen können, und dies nur unter stärksten Schmerzen. Aber immerhin, dann war sie nicht querschnittsgelähmt."
Darauf der Heiler: „Das kann ich nicht beurteilen. Ich bin kein Arzt."
Darauf ich: „Dann kannst du auch nicht sagen, sie war querschnittsgelähmt."

In den nächsten Tagen, noch während des Kongresses, hat sich die Gehstrecke der Patientin erheblich gesteigert – ein sehr beachtlicher Erfolg für Heilen auf geistigem Wege, nicht weniger, aber auch nicht mehr. Ich habe später noch öfter erlebt, dass sich Erfolge Geistigen Heilens bei einer kritischen medizinischen Prüfung etwas anders darstellen, als zunächst deklariert. Weiterhin halte ich es für meine Aufgabe, die Integration einer spirituell-energetischen Komponente in das System unserer medizinischen Heilmethoden mit allen Kräften zu unterstützen und was wir dabei ganz gewiss nicht gebrauchen können, das sind voreilige oder leichtfertig übertreibende Beurteilungen unserer ganz gewiss beachtlichen Erfolge. Das würde uns in der Öffentlichkeit ebenso schaden wie bei unseren ausschließlich schulmedizinisch orientierten Arztkollegen.

Am 11. Januar des darauf folgenden Jahres, also etwa sechs Wochen später, mittags gegen 15.00 Uhr, ruft mich Walter Ohler an: „Können Sie am 15.1. in München sein? Wir wollen die Sendung über Geistiges Heilen aufzeichnen."

In den Räumen der Bavaria-Filmstudios in München stehen wir uns wieder gegenüber zur kurzen Abstimmung über den Ablauf der Sendung. Nach fünf Minuten sagt Herr Ohler: „Und bitte denken Sie daran, welche Verantwortung für die geistig-energetischen Heilmethoden Sie jetzt übernehmen. Was Sie hier vor der Kamera vertreten, dazu müssen Sie dann auch bei Ihrer Arbeit stehen."
„Ach, wirklich?", sage ich. Dann werde ich weggezogen. Jemand verkabelt mich mit Mikrofon und Minisender.

Nach der Aufzeichnung, also eine Stunde später, empfängt die anderen Talkgäste und mich Don Pedro, ein Schamane aus Brasilien, im Vorraum. Er ist glücklich. „Es war großartig", sagt er. „Das Gespräch war kompakt und informativ. Es hätte kaum besser laufen können." Als ich mich umdrehe, steht Jürgen Fliege vor mir. „Na, großer Meister, hat's Ihnen denn gefallen?"
„Danke", sage ich, „Es hat mir sehr gefallen. Und ich danke auch für die Einladung."
„Vielleicht sehen wir uns ja mal wieder", sagt Jürgen Fliege. Dann setzt er durchs Studio schlendernd seine Verabschiedungstournee fort.
Am Ausgang des Gebäudes steht Walter Ohler. Er lächelt.
„Danke, dass Sie hier waren", sagt er und schüttelt uns allen die Hand. „Und für die Heimreise guten Flug und weiche Landung. Ach ja – ich sag Bescheid, wann wir senden." Er trägt einen hellen Anzug und einen weißen Schal. Es passt gut zu den eingeschneiten Filmateliers.

Später habe ich ihm einmal eine SMS geschickt nach einem Pressegespräch, das etwas holperig gelaufen war, natürlich wieder zum Thema „Geistiges Heilen“. Ich schrieb: „Im Vergleich zu dem, was ich eben erlebt habe, besteht ihr Team aus echten Profis.“ Er schrieb sofort eine SMS zurück: „Mein Vorschlag: Lassen Sie uns gemeinsam die verschlungenen Medienpfade durchwandern. Ich möchte mit dazu beitragen, dass die spirituelle Medizin anerkannt wird.“

Meine Erfahrungen im Umgang mit den Medien machte ich weiterhin und im April 2004 wieder mit Herrn Ohler. Vier Tage vor Ostern ruft er mich in meiner Praxis an. „Hallo, Herr Bittscheidt, wie geht’s inzwischen?“
„Danke, sehr gut. Ich heile und bin Orthopäde. Dank Ihrer Sendung im Januar arbeite ich zur Zeit aber mehr allgemeinmedizinisch. Krankheiten quer durch den Garten, von Tumor über Migräne und Schilddrüsenleiden, Bluthochdruck und Leberentzündung, bis zur Arthrose der Gelenke. Sind Sie krank?“
„Mich plagt nichts. Aber ich arbeite mit der ‚BIO‘ zusammen, einer Gesundheitsillustrierten, die auf gutem Niveau schreibt und laut Umfrage über eine kompetente Leserschaft verfügt. Und für diese Illustrierte will ich eine Serie über Heiler schreiben. Sind Sie mit einem Interview einverstanden?“
„Wann wollen wir denn das Interview machen?“
„Also, Dr. Bittscheidt, Lösung 1: Wir haben so viel Material über Sie, dass ich jedes Interview selber zusammenstellen kann. Lösung 2: Ich schicke Ihnen die Fragen, und Sie schicken mir die Antworten zurück.“
„Ich neige zu Lösung 2 – wenn Sie sich an meine Antworten halten.“
„Versprochen. Ich schicke die Fragen per E-Mail.“

„O. K., Herr Ohler. Eine Frage habe ich noch: Was haben Sie heute an?“
„Einen hellen Anzug und für draußen einen weißen Schal. Warum fragen Sie?“
„Ach, nur so. Und übrigens, wie lange habe ich für die Beantwortung der Fragen Zeit?“
„Bis morgen. Über Ostern würde ich es dann gerne bearbeiten.“

Abends um 20.00 Uhr verlässt der letzte Patient die Praxis. Dann mache ich mir einen Kaffee, lasse mir Ohlers Fragen aus dem Internet ausdrucken und schaue sie mir an. Eine Menge Arbeit kommt da auf mich zu. Und am nächsten Morgen, Gründonnerstag, will ich um 9.00 Uhr nach Galway in Irland fliegen und meine mittlere Tochter Nicola besuchen. Nachtarbeit ist also angesagt. Ich mache mir ein ungefähres Konzept und dann schreibe ich die Antworten in den PC. Um 3.00 Uhr am nächsten Morgen stürzt der PC ab – und mit ihm meine Antworten. Warum nur gibt es keine geistigen Schreibweisen, wenn man über geistige Heilweisen berichtet, vielleicht wie die Lichtsprache der Außerirdischen in den Science-Fiction-Romanen?

Trotz allem treffe ich pünktlich in Galway ein. Nicki, unsere Tochter, zeigt mir ein Internetcafé mit Faxgerät. Die Antworten habe ich inzwischen per Hand geschrieben und faxe sie weiter an Ohler. Faxgebühren: 36,- Euro. Brauche ich die 28 handgeschriebenen Seiten noch? Ich glaube nicht. Aber man kann nie wissen; so finden sie Platz in meiner Reisetasche.

Am Osterdienstag bin ich zurück. Von den 28 Seiten sind nur 16 angekommen, so meldet Ohler. Er erhält nun die komplette Sendung über mein Praxis-Faxgerät.

Als die „BIO“ Anfang Juni erscheint, suche ich mein Interview vergeblich. Aber Walter Ohler hat ein gutes Portrait geschrieben und, wie ich sehe, meine Antworten „untergerührt“. Ein wenig journalistische Freiheit ist auch dabei. Ich beschließe, meine Interviewantworten weiterhin selbst zu geben, egal wie viel Material in Walter Ohlers PC lagert.

Und hier sind die Fragen und Antworten im Original:

1) *Was verstehen Sie unter „Geistigem Heilen“?*
   Wie war die Entwicklung in Europa?
   Sind geistige Heilweisen wieder auf dem Vormarsch?

Die Kunst des Heilens ist die Kunst, die Krankheit des ganzen Menschen zu behandeln – was wir heute als ganzheitliches Heilen bezeichnen. Ärztliches Behandeln im besten Sinne hat auch immer geistige Aspekte des Patienten, gerade auch in Bezug auf die Krankheitsentstehung, miteinbezogen.
Galen, römischer Arzt im zweiten Jahrhundert, verfasste ein für die Medizingeschichte bedeutendes Werk über Krankheiten, ihre Entstehung und ihre Behandlung. Er arbeitete mit der Idee der Körpersäfte und ihrer Zusammensetzung, sah die Gesundheit als Zustand der Ausgewogenheit dieser Körpersäfte.
Paracelsus, der große Arzt der beginnenden Neuzeit, beobachtete primär die klinischen Symptome des Patienten und brachte erstmals den Begriff der Keime ins Spiel, lange bevor man sie entdeckte und nachweisen konnte. Paracelsus sprach auch als erster Arzt von Hygiene.

Im „dunklen“ Mittelalter breiteten sich die Hexenverbrennungen in Europa aus. Vieles spricht dafür, dass es sich hier um eine Abwehr nicht nur von Hexenkult und satanischen Phänomenen, sondern auch um die Angst der Menschen vor unheimlichen, nicht nachvollziehbaren, geheimen Heilweisen handelte, also um das, was wir heute im missverstandenen und schlechtesten Sinne unter „geistigen“ Heilweisen verstehen könnten.

Einiges von dieser Zwielichtigkeit blieb an den geistigen Heilweisen haften und eigentlich ganz entschieden taten die „Heiler“ zu wenig, um das Dunkel aufzuhellen. Während die medizinische Wissenschaft die Fortschritte der Naturwissenschaft mit einbezog, wurden Klarheit, Transparenz und grundlegende Erklärungsmodelle von den Vertretern Geistigen Heilens der Öffentlichkeit weitgehend vorenthalten.
Bis auf gute Ausnahmen gaben sich Heiler als Phänomene zwischen Zauberer und Medicus und genossen den Ruf, Inhaber einer geheimnisvollen Kraft zu sein. Dem Bild des heilenden Arztes des Mittelalters und der Neuzeit glich dieses Bild nun ganz und gar nicht mehr und die Schere zwischen beiden Gruppen klaffte immer weiter.

Eine echte Trendwende brachte das richtungsweisende Buch des berühmten englischen Heilers Harry Edwards „Praxis der Geistheilung – Erkenntnisse und Erfahrungen aus vierzig Jahren“. Hier finden wir folgende Sätze:
„Das Geistige Heilen ist ein Geschenk Gottes an alle seine Kinder, gleich welcher Rasse oder Religion. Sie ist die größte und gewiss auch geistigste Gabe, die einem Menschen verliehen werden kann. Mit ihrer Hilfe soll der göttliche Plan von der Entwicklung der Menschenfamilie zum Geistigen verwirklicht werden.“

Edwards starb 1976; er erlebte nicht mehr die offizielle Anerkennung des spirituellen Heilens in England, die 1977 erreicht wurde.

In den folgenden Jahrzehnten, wenn auch zunächst noch sehr zögernd, öffnete sich die Szene um die geistigen Heilweisen mit Experimenten zu ihrer Wirksamkeit, die mehr und mehr den Standards wissenschaftlicher Untersuchungen entsprachen. Die Wirkprinzipien geistiger Heilweisen wurden, soweit möglich, mit Hilfe der Quantenphysik und der modernen Neurobiologie erläutert, wobei sich bis heute immer weiter gehende Erklärungsmöglichkeiten ergeben. Gleichzeitig wird immer deutlicher, dass Geistiges Heilen den Faktor der menschlichen Zuwendung und des liebenden Verstehens mit einschließen muss, um seine Wirkung voll entfalten zu können. Und diese Facette heilenden Tuns macht dann die geistigen Heilweisen auch zu einem wieder aktuellen Modell ganzheitlichen Heilens – wobei ich nach 30 Jahren ärztlicher Arbeit der Meinung bin, dass sich Schulmedizin und spirituell-energetisches Heilen auf ideale Weise zu einem ganzheitlichen Behandlungskonzept verbinden lassen.

2) Wie kamen Sie selbst zum Geistigen Heilen?

Schon während meines Studiums wollte ich später einen ärztlichen Beruf ausüben, den ich nur mit den Händen und dem Verstand, ohne Geräte und Instrumente ausüben konnte. So wählte ich als Facharztrichtung die Orthopädie, an der mich vor allem die nicht-operative Seite ansprach und begann bald mit einer zusätzlichen Spezialausbildung in Chirotherapie, der Heilmethode von Blockierungen an Wirbelsäulen- und Extremitätengelenken durch Handgrifftechniken. Ich fragte

also meinen damaligen Chef, den würdigen Ordinarius einer orthopädischen Universitätsklinik, ob ich für entsprechende Kurse Bildungsurlaub geltend machen könnte. „Wieso Bildung?“, fragte er, „Da gibt es zwei Griffe – einen für den Hals, einen für die Lendenwirbelsäule. Die kann ich Ihnen zeigen.“ Aber ich besuchte die Kurse doch. Später habe ich jahrelang Ärztekurse in Chirotherapie gehalten und innerhalb der Orthopädie wurde sie mein wichtigstes therapeutisches Standbein.
Und dann stieß ich auf eine Heilmethode, die mit Händen, Herz, Verstand und Geist ausgeübt werden konnte; es ging sozusagen eine Dimension weiter.

Eigentlich begann dieser Weg, als ich mich, damals gerade mit der Ausbildung fertig, als junger Arzt mit Hepatitis infizierte.
Sie wurde chronisch und ging 20 Jahre später in ein aggressives Stadium über. Unter manchen Nebenwirkungen, leider aber ohne Hauptwirkung, wurde ich ein Jahr lang mit Interferon behandelt. Dann vertraute ich mich in meiner Ausweglosigkeit einem Heiler an. Ich wusste nicht, was ein Heiler macht, hatte überhaupt keine Meinung dazu, aber folgte ohne hoffnungsträchtige Alternative dem Rat eines guten Freundes.
Bald darauf lernte ich einen weiteren Heiler kennen und einen homöopathisch arbeitenden Arzt. Zwei Monate später ging es mir ganz wesentlich besser; ich hatte meine Leistungsfähigkeit und meine Lebensfreude wiedergefunden.
Und ich ließ mich von einigen Heilern in ihrer Kunst ausbilden. Beim Vorliegen gewisser Voraussetzungen, so wurde mir gesagt, sei dies möglich.

3) Wie haben Sie früher gearbeitet und was tun Sie heute?

In den 25 Jahren meiner orthopädischen Arbeit habe ich Patientengespräche geführt, Untersuchungen gemacht, Therapiekonzepte entworfen, Tabletten verordnet, Gelenkblockierungen chiropraktisch gelöst, Akupunkturnadeln gesetzt und Gelenkinjektionen vorgenommen. Heute arbeite ich ganz überwiegend mit geistigen Heilweisen, spreche viel ausführlicher mit meinen Patienten, versuche hinter die Ursache ihres Leidens zu kommen, lege meine Hände auf, versuche den Energiestrom zu erfühlen und besinne mich auf meine Hilfen aus der geistigen Welt. Oft sinken Patienten für eine Stunde in eine Art Trance; ich meine damit, sie koppeln sich an eine tiefere Bewusstseinsschicht an. Später berichten sie mir von Wärmegefühl, Kribbeln, visuellen Wahrnehmungen; manchmal weinen sie („nicht aus Trauer, sondern aus Betroffensein"). Sie beginnen Dinge zu erzählen, die sie belasten, die ihnen Angst machen oder die sie entbehren. Sie berichten von ihren Sorgen und ihren Einsamkeiten. Es ist oft, als wären durch den Kontakt mit der heilenden Energie Barrieren beiseite geräumt und innere Blockierungen gelöst worden.

Früher war ich nach zehn Stunden Arbeit in der Praxis erschöpft. Heute bin ich abends sehr offen, dankbar und ungeheuer berührt von so viel tiefem, menschlichem Kontakt.

4) Wie gehen Sie mit Skepsis in der Öffentlichkeit und unter Ihren Patienten um?

Ich versuche Skepsis durch sehr intensive Aufklärungsarbeit zu überwinden. Nach einer Erklärung für das Wirken meiner Arbeit gefragt, nenne ich als (unvollkommene) Beispiele

Autogenes Training und Akupunktur, erläutere physikalische Grundlagen der Energiearbeit und äußere meine persönliche Überzeugung, dass es Zuwendung und Liebe sind, die heilen, und dass damit der Einfluss des Göttlichen in unser Leben tritt. So eröffnen sich für die Menschen Wege, sich von den Wurzeln ihrer Krankheit bis in die innersten Bereiche ihrer Persönlichkeit hinein zu lösen, und diese Wurzeln zu er-lösen.

5) *Was bieten Sie den Patienten – Heilung, Hoffnung, Besserung? Sind Heilungen Wunder?*

Ich biete den Patienten eine Möglichkeit, den Weg in die Heilung zu beginnen. Immer geht dieser Weg mit einer gewaltigen Stärkung der Selbstheilungskräfte einher.
In ganz schlimmen Fällen und in großem Leid bedauere ich, dass Heiler keine Wundertäter sind. Aber auch dann ist die liebende Zuwendung, die ein Patient spürt, ein Ruhe gebendes Erlebnis, das Sicherheit und Aufgehobensein vermittelt.

Es gibt aber auch „Heilungen", die wie Wunder anmuten.
So schreibt der durchaus skeptische Journalist Robert Sebastian 1999 in seinem Buch „Die neuen Heiler":

„Längst sind die teils unglaublichen Fähigkeiten der Geistheiler in wissenschaftlichen Untersuchungen bestätigt worden:

- Sie erwecken Menschen aus dem Koma.
- Sie lassen auf unerklärliche Weise bösartige Gehirntumore verschwinden;
- ja, selbst scheinbar hoffnungslos Gelähmte befreien sie von ihrem Rollstuhl."

6) Nennen Sie einige konkrete Fälle aus Ihrer Praxis.

Frau C. A. leidet seit 30 Jahren an Migräne. Bei der ersten Behandlung fällt sie in tiefen Schlaf. Als sie zwei Wochen später zur nächsten Behandlung erscheint, hat sie keine Migräne mehr gehabt (zuvor 1 – 2 Anfälle pro Woche). Der für sie beglückende Zustand setzt sich fort, abgesehen von einem Anfall, den wir dann durch „Fernheilung“ stoppen können.

Herr N. L. läuft auf zwei Unterarmgehstützen wegen starker Hüftschmerzen aufgrund einer beidseitigen Hüftkopfnekrose (die Oberschenkel- oder Hüftköpfe zersetzen sich). Nach zwei Behandlungen läuft er „viel besser“, mit weniger Schmerzen. Er ist glücklich und sehr optimistisch. Allerdings: Hier beginne ich als Orthopäde an ein Wunder zu glauben.

Am meisten rühren mich die Menschen, die unsere Schuldmedizin als „austherapiert“ bezeichnet. „Austherapiert“ halte ich für ein Un-Wort, das Resignation und Ratlosigkeit vermittelt – und einen guten Schuss Lieblosigkeit. Ich kenne etliche solcher „Austherapierter“, die nach einer Behandlung mit geistigen Heilweisen jetzt wirklich austherapiert sind, aber weil sie weitgehend gesund sind, ihr Leben wieder meistern können und Optimismus und Lebensfreude ausstrahlen.

7) Was ist für Sie wesentlich beim Geistigen Heilen?

Am meisten interessiert hat mich immer der menschliche Aspekt der Krankheit und des Betroffenen. Das ist in den letzten Jahren noch viel stärker geworden, seitdem ich mich also mit Geistigem Heilen beschäftige. Ich bilde mir einen Eindruck vom persönlichen, sozialen und beruflichen Umfeld

des Patienten. Ich will wissen, woran er glaubt und wovon er sich belastet fühlt. Ich will wissen, was in seinem Leben vor sich ging zu der Zeit, als die Krankheit ausbrach. Ich kann von den Facetten seiner Persönlichkeit, von seinem Lebensschicksal gar nicht genug Informationen bekommen.
Oft sage ich Freunden, die meine Arbeit verstehen wollen: „Das ganze Geistige Heilen ist für mich ein faszinierendes menschliches und spirituelles Abenteuer."

8) Was empfehlen Sie den Heilern?

Heiler sollten von ihren zum Teil etwas abgehobenen Positionen heruntersteigen und den Marsch von der Esoterik in die Realität antreten.
Sie sollten sich zum Heilpraktiker oder zum Arzt ausbilden lassen (wie umgekehrt auch!). Sie sollten der Öffentlichkeit ein Modell präsentieren (es muss nur in England abgeschaut werden), das die Unterscheidung zwischen Scharlatanen, Möchtegernen und echten Könnern ermöglicht (Abstufung nach Dr. H. Wiesendanger).
Sie sollten mit den Vertretern der Schulmedizin ins Gespräch kommen, so diese denn dazu bereit sind (wenn nicht, wird der Verbraucher abstimmen).
Und die Heiler sollten selbstbewusster werden. Schließlich wird Geistiges Heilen in den USA schon an 52 Universitäten gelehrt.

9) Was ist erforderlich für die Patienten?

Patienten müssen auf seriöse Art mehr und mehr über die Möglichkeiten geistiger Heilweisen informiert werden. Sie müssen wissen, wo sie Informationen, Aufklärungsgespräche und entsprechende Behandlungsmöglichkeiten finden können. Dazu brauchen wir nicht nur tüchtige und rührige Heiler, sondern auch engagierte Medienvertreter.

10) Würden Sie selbst sich einem Heiler anvertrauen?

Ja, natürlich. Ich hab's ja einmal getan; und diesem Schritt von damals verdanke ich nicht nur meine Gesundheit, sondern auch die Tatsache, meine Lebenserfüllung gefunden zu haben.

11) Kann aus Ihrer Sicht unser Gesundheitssystem noch gesunden? Was könnte dabei helfen?

Die Frage möchte ich spezieller fassen:
Wer muss gesunden?
- Das System?
- Die Betreuer des Systems?
- Die Menschen, die als „Endverbraucher" mit diesem System leben müssen?

Unser Gesundheitssystem ist deshalb so leidend, weil es auf Wachstum programmiert ist. Das entspricht *nicht* einer biologischen Entwicklung.
Unkontrolliertes Wachstum erzeugt in der Biologie Tumore, im Universum nach der Supernova das „Schwarze Loch" und im Riesenstaatengebilde (UdSSR) Zusammenbruch. Unkontrolliertes Wachstum führt also in dieser oder jener Form in allen Systemen zum Kollaps.
Stellenweise aber ist unser Gesundheitssystem schon dabei zu gesunden. Sehen Sie die ganzheitlich arbeitende Rehaklinik

eines potenten Trägers. Sie deckt den wesentlichen Behandlungsbedarf des Patienten auf unterschiedlichsten Ebenen ab (medizinisch-somatisch, psychologisch, sozial, lebensberatend, zukunftsweisend).

Ganz gewiss erhoffe ich zur Gesundung des Systems vom Geistigen Heilen einen wertvollen Beitrag. Geistiges Heilen ist nämlich ganzheitliches Heilen. Eines Tages werden, bildlich gesprochen, auf unseren Gesundheitsmessen nicht mehr 99 Stände sein, an denen alle etwas anderes erzählen, sondern da wird ein einziger großer Stand sein, an dem 99 Leute im Wesentlichen das Gleiche erzählen. Sie werden alle über die ganzheitliche Heilung sprechen, wenn auch über verschiedene Facetten.

Und geistige Heilweisen sollten mit der Schulmedizin Hand in Hand gehen, wie in England. Ärzte, Heilpraktiker und Heiler sollten aufeinander zugehen – zum Wohle der Menschen, die uns allen anvertraut sind.

Und schließlich: Wer sollte geistige Heilweisen mehr herbeiwünschen als Gesundheitspolitiker und Kassenvertreter? Dafür ist ein anschauliches Beispiel die Patientin, die zu mir kam und am nächsten Tag in der Neurochirurgie an der Bandscheibe operiert werden sollte; aber sie hatte große Angst vor der Operation, aus verschiedenen Gründen.
Mit aller Vorsicht und mit allen Vorbehalten versuchte ich es auf ihr dringendes Bitten hin mit Geistigem Heilen. Sie wurde bis heute nicht operiert, hat keine sensiblen oder motorischen Ausfälle mehr und ist seit langem schmerzfrei. Da standen die Kosten für Geistiges Heilen (6 x 70 Euro) gegen die Kosten für zehn Tage Krankenhaus mit Operation und drei Wochen Rehaklinik.

Ich kenne aber auch andere Fälle: Da hat Geistiges Heilen nicht nur einige Tausend Euro erspart, sondern Chemotherapie, Bestrahlung, schließlich Siechtum und Tod.
Oder eine jahrelange Psychotherapie.
Oder den Zerfall einer Familie.
Oder eine bis zur tödlichen Neige durchlebte Sucht.

Geistiges Heilen ergänzt die Möglichkeiten unseres Medizinsystems um eine spirituell-energetische Komponente. Dadurch macht es den Menschen wieder wichtiger als Verwaltungszwänge unter dem Aspekt leerer Sozialkassen.

Ich denke, das wäre ein wertvoller Beitrag für die Erneuerung unseres sehr bedrohten, aber noch nicht kollabierten Gesundheitssystems. Ich bin voll Hoffnung, dass die Rettung gelingen kann.

Wie sag' ich's meinem Kinde? – Aufklärungsarbeit

Im Laufe meiner Ausbildung zum Heiler trat ich einer Gesellschaft bei, die sich die Ausbildung von Menschen im Gebrauch von heilender Bioenergie und Verbreitung dieser uralten Heilmethode zum Ziel gesetzt hatte. Nach wenigen Monaten begann ich, in regelmäßigen Abständen einen Freund aufzusuchen, der sich bis dahin noch nicht hauptberuflich mit Heilen beschäftigte, mit dem ich zusammen jedoch immer sehr tiefgehende Meditationen durchführen konnte. Die Bioenergetische Gesellschaft, der ich beigetreten war, verfügte bald nach ihrer Gründung über eine recht aufwendige Organisation. Dem Vorstand der Gesellschaft standen „Beiräte" zur Verfügung, so auch ein „wissenschaftlicher Beirat" – und da ich damals der einzige Arzt dieser Gesellschaft war, übernahm ich den Vorsitz dieses wissenschaftlichen Beirates. Natürlich war dies keine Hauptaufgabe, ebenso wenig wie ich hauptberuflich als Heiler arbeitete. Ich war Facharzt für Orthopädie mit den Schwerpunkten Chirotherapie, Physikalische Therapie, Neuraltherapie und später auch Akupunktur und hatte eine mehr als gut ausgelastete Großstadtpraxis mit durchaus anspruchsvoller Patientenklientel aufgebaut.
Ich besuchte also einen Ausbildungskursus für Bioenergetik, wie die heilende Energie in der o. g. Gesellschaft bezeichnet wurde, der über fünf Monate mit je einem Kurswochenende pro Monat lief. Ferner besuchte ich meinen Freund, den späteren Heiler A. Berti in Hamburg und hörte in Berlin Seminare der englischen Top-Heilerin Brenda Davies, einer Ärztin für Psychiatrie und Psychotherapie, die sich aber inzwischen ganz dem Geistigen Heilen verschrieben hatte. Zur

damaligen Zeit war sie Beauftragte des englischen Parlamentes für die Koordination von konservativen und alternativen Heilmethoden.
Als Leiter des wissenschaftlichen Beirates der Bioenergetischen Gesellschaft hielt ich es für meine Aufgabe, mich über die wissenschaftlichen Grundlagen des Heilens zu informieren und mein Wissen in Seminaren an andere Mitglieder der Gesellschaft weiterzugeben. Dadurch sah ich mich auch in der Lage, ein zweites Ziel zu erreichen, nämlich den schulmedizinisch orientierten Patienten in meiner orthopädischen Praxis in kurzer und prägnanter Form Auskunft zu geben über Sinn und Funktionsweise Geistigen Heilens, das ich ja nach und nach in meine schulmedizinische Praxis einführen wollte. Wenn ich also einen Patienten vor mir hatte, an dem ich schon in aller Ausführlichkeit schulmedizinische nicht-operative Behandlungsmethoden versucht hatte, aber im Sinne einer Besserung seiner Beschwerden und seiner Erkrankung zu keinem guten Erfolg gekommen war, deutete ich die Möglichkeit an, es gäbe noch ein völlig anderes Therapiekonzept, das sich energetischen Heilen nenne und das die folgenden Grundlagen habe ...

Ein solches aufklärendes Patientengespräch begann ich meist mit der Frage: „Nun, Sie haben doch schon von Akupunktur gehört?“
Natürlich wurde diese Frage fast immer vom Patienten bejaht, der da vor mir saß. Dann führte ich weiter aus: „Sehen Sie, bei der Akupunktur haben wir es ebenfalls mit einer Therapiemethode zu tun, die mit Energie arbeitet. Die Traditionelle Chinesische Medizin kennt Energiebahnen, so genannte Meridiane, die den Körper des Menschen durchziehen und die einen ausgewogenen Energiehaushalt stützen sollen. Ist in diesem Meridiansystem der Energiefluss

blockiert oder beschleunigt, herrscht Energiestau oder Energiemangel, dann kann dies zu Beschwerden und schließlich zur Krankheit führen.
Ein zweites Beispiel möchte ich Ihnen erläutern, an dem Sie leicht sehen können, dass es uns möglich ist, mit unserem Geist unseren Körper zu beeinflussen. Denken Sie an das Autogene Training. Sie konzentrieren sich darauf, dass ihre Arme schwer werden oder Ihre Hände warm oder was auch immer. Nach einiger Übung werden Sie erfahren, dass diese Ihre Vorstellung im Bereich Ihrer Arme und Hände und Ihres übrigen Körpers zur Realität wird."

Manche Patienten gaben sich mit dieser ersten Erklärung zufrieden. Manche sagten: „An Akupunktur muss man aber glauben, sonst wirkt sie sowieso nicht." Andere sagten: „Herr Doktor, wenn Sie das, was Sie mir da anbieten, für mich für das Richtige halten, dann tun Sie es. Mit dem, was wir bisher erreicht haben, können wir uns ja wirklich nicht brüsten. Vielleicht haben wir mit dieser neuartigen Methode ja mehr Erfolg."
An dieser Stelle des Gespräches dachte ich daran, wie ich selbst noch in den Anfängen meines Medizinstudiums über die Akupunktur gedacht hatte. Man erzählte sich Verwunderliches. Westliche Ärzteteams hätten in China beobachten können, wie in großen Krankenhausambulanzen Patienten mit einigen Nadelstichen behandelt worden seien oder wie Patienten während einer Operation mit Nadeln in Narkose gehalten worden seien. Einer meiner Kommilitonen erklärte damals, er habe das System der chinesischen Akupunktur durchschaut: China sei ja schließlich eine Diktatur, sonst könnte sich eine solche Behandlungsart überhaupt nicht halten.

Während ich in der geschilderten Art und Weise Aufklärungsgespräche mit meinen Patienten führte, die man mit dem Titel „Erklärung für Geistiges Heilen – Grundkurs I“ klassifizieren konnte, fragte ich mich natürlich selber, wie das denn mit den Wunderheilungen gewesen sei, von denen in der Bibel erzählt wurde. Wenn ich darauf das Gespräch mit meinen Patienten brachte, dann schied sich die Spreu vom Weizen, wobei ich die Spreu in diesem Fall nicht höher als den Weizen einstufen will: Manche Patienten erklärten, sie würden glauben, dass Christus ein großer Wunderheiler gewesen sei, und er habe ja nur die Hände aufgelegt und gebetet. Ich sagte dann zu Patienten mit dieser Denkungsart bzw. diesem Glauben: „Wenn Sie diese Berichte aus dem Neuen Testament der Bibel kennen, dann wissen Sie auch, dass Christus seine Freunde und Schüler aufforderte, es ihm nachzutun und ebenfalls den Leuten die Hände aufzulegen. Dann ist es ja berechtigt, wenn ich heute auf eine entsprechende Frage, wie denn diese Art des Heilens funktioniere, sagen würde: ‚Ich lege die Hände auf und bete.‘“ Mich anderen Menschen gegenüber auf diese Art und Weise zu offenbaren, fiel mir aber damals noch recht schwer.

Dann hatte ich eine Reihe von Patienten unter meiner Klientel, die ich mit meiner geistigen Heilweise vertraut machen wollte, die durchaus ein physikalisches Verständnis entweder aus Interesse oder aus beruflicher Erfahrung heraus mitbrachten. Und denen erklärte ich in etwa Folgendes:
„Gehen wir davon aus, dass wir zu 99,999 Prozent aus Vakuum bestehen, also aus leerem Raum. Der leere Raum ist das, was übrig bleibt, wenn man aus einem geschlossenen System Materie und Strahlung entfernt. Im Fall unseres Universums und jeder einzelnen Zelle darin jedoch ist dieses Vakuum alles andere als tot und leer. Es ist vielmehr eine Fülle aus Energie.

Alle Materie im Universum ist durch Wellen miteinander verbunden, die sich durch Raum und Zeit ausbreiten und ins Unendliche führen können, wobei sie jeden Teil des Universums mit jedem anderen verknüpfen.
Diese Erkenntnis der Quantenphysik", so führte ich aus, „kann eine wissenschaftliche Erklärung bieten für beispielsweise den chinesischen Glauben an die Lebenskraft ‚Chi', die in alten Texten manchmal im Sinne eines Energiefeldes beschrieben wird.
Der Biophysiker Fritz-Albert Popp bewies mit modernsten Forschungsmethoden, dass die Zellen aller Lebewesen Licht abgeben; ein sehr schwaches Licht, das sich bei einer Schädigung der Zelle verstärkt und das in einer toten Zelle erloschen ist. Diese ‚Biophotonenstrahlung' stellt kohärentes Licht dar, das – wie das Licht eines Laserstrahles – eine hohe Ordnung besitzt und sich somit optimal zur Informationsübertragung eignet.
Nach Meinung vieler Wissenschaftler muss es als Ausdruck eines im Innern jeder Zelle vorhandenen und den gesamten Organismus umfassenden Energiefeldes aufgefasst werden, das die Vorgänge im Körper steuert und reguliert.
Auch hat Popp nachgewiesen, dass die Photonen des einen Organismus von einem anderen Organismus aufgenommen werden können. Daraus lässt sich schließen, dass die Lichtabstrahlungen einen Zweck auch außerhalb des Körpers haben, nämlich den Zweck der Kommunikation zwischen verschiedenen Lebewesen. Wenn wir nun diese Biophotonen, wie er das Licht in den Zellen nannte, anderer Lebewesen aufnehmen können, dann sind wir vielleicht auch fähig, diese Information zu nutzen, um unser eigenes Licht zu korrigieren, wenn es seine Ordnung verloren hat."

Hatten meine Zuhörer – wohlgemerkt die Patienten, die ich davon überzeugen wollte, es sei angebracht, es mit einer energetischen Behandlung zu versuchen – mir bis hierhin folgen können, so zeigten sie oft Interesse, diese Art der Behandlung statt der bisher durchgeführten konventionellen Behandlungen bei sich anwenden zu lassen. Die dann häufig gemachte Äußerung lautete etwa: „Weniger als das Bisherige wird es ja auch nicht nutzen. Kann es denn auch schaden, Herr Doktor?"
„Nein, im schlechtesten Fall nützt es nichts."

Ich machte die dargestellten Ausführungen nicht nur meinen Patienten gegenüber bei einem Werbegespräch für energetische Heilweisen, sondern auch in kleinen Vorträgen im Rahmen meiner Bioenergetischen Gesellschaft und in etwas breiterer Form im Rahmen von bioenergetischen Informationsgesprächen auf Gesundheitsmessen in meinem Heimatort und in seiner Umgebung.

Nun sind etwa acht Jahre vergangen. Das Geistige Heilen hat inzwischen stark an öffentlichem Interesse gewonnen. Man liest in Illustrierten und Fachzeitschriften darüber. Man sieht im Fernsehen Filmberichte und Talk-Shows zu diesem Thema und der Markt, wie er sich ums Geistige Heilen herum aufgebaut hat, wird von immer mehr Akteuren benutzt. Auch die Zahl der Heiler ist, so schätze ich, in den letzten zehn Jahren um etwa das Zehnfache gestiegen, und das sicher nicht unter Beibehaltung herausragender Qualitätsstandards in der Heilerszene. Sieht man sich ab und zu zwischen jüngeren und neueren Vertretern der heilenden Zunft um, so hat man nicht den Eindruck, dass bei ihnen so relativ einfache Erklärungsmodelle, wie das von mir dargestellte, dem allgemeinen Informationsstandard entspricht, mit dem wir ja auch potentielle Patienten bzw. Klienten bedienen müssen. Es kann auch keinen guten Eindruck machen und im Sinne unseres gemeinsamen Anliegens sein, wenn wir großspurig von „unserer Arbeit mit kosmischer Energie und unserer für diese Dinge ausgezeichnet geschulten Sensibilität“ sprechen. „Wir fühlen die Energielöcher; wir wissen mit Energie umzugehen; man muss eben etwas Besonderes in den Fingern haben“, sind Phrasen, die uns einfach zu flach sein sollten.

Meine Darstellung „Wie sag’ ich’s meinem Kind?“ soll Anregung für ein sachliches, kompetentes und aufklärendes Gespräch mit Menschen sein, die sich, aus welchen Gründen auch immer, über geistige Heilweisen informieren möchten. Wir, die wir mit diesen Heilweisen arbeiten, tragen die Verantwortung dafür, dass geistig-energetisches Heilen weiterhin an Bekanntheit zunimmt und von vornherein davor bewahrt wird, in einem ungünstigen Licht dazustehen.

Patientenberichte I

Ich habe Patienten, bei denen ist nach zwei Behandlungen eine Neurodermitis verschwunden. Nach der dritten Behandlung löste sich ein schweres Schwangerschaftserbrechen auf. Oder eine Schuppenflechte verschwand, von der die Patientin vergessen hatte, zu berichten. Sie war „nur“ wegen ihrer Bauchspeicheldrüsenentzündung gekommen.

Es vergeht kein Tag, an dem sich nicht mindestens ein Fall von chronischer Migräne bei uns meldet, mit einer Krankheitsdauer von 10 Jahren an aufwärts (bis zu max. 46 Jahren). Erfolgsrate der Behandlungen: mindestens 75 Prozent der „Fälle“.

Ein Patient besucht mich seit zehn Jahren wegen seines Hüftgelenkverschleißes bei einem Zustand nach Oberschenkelamputation. Nun hat er gehört, dass ich inzwischen auch als Heiler arbeite, und er will's noch mal versuchen. Nach einer Woche kommt er wieder. Die Hüftschmerzen seien nur wenig besser, berichtet er, aber das sei ja nichts Neues. Vor fünf Jahren aber sei er an den Stirn- und den Nasennebenhöhlen operiert worden. „Seitdem hatte ich einen Dauerschmerz vom inneren Augenwinkel aus entlang der Nase bis kurz oberhalb der Oberlippe. Na ja, was soll ich lange Worte machen ... Seit ich letzte Woche hier war, ist dieser scheußliche Schmerz weg.“

Und dann kam diese Musikwissenschaftlerin und Pianistin aus Karlsruhe. Sie hatte immer schon Probleme beim Schlucken, wegen einer langsam stärker werdenden Verengung der Speiseröhre kurz vor ihrem Durchtritt durch das Zwerchfell. Das letzte Jahr über konnte sie kaum normal essen ohne hinterher zu erbrechen. Dann kamen drei Tage, in denen sie keine festen Nahrungsmittel mehr zu sich nehmen konnte. „Äußerst unangenehm, mehr als lästig“, meinte sie lapidar. Sie ging in die chirurgische Ambulanz des Heimatkrankenhauses, wurde dort untersucht und dann einer Speiseröhrenspiegelung unterzogen. Nach der Narkose sagte man ihr, man habe die Verengung der Speiseröhre zu dehnen versucht und wolle vier Wochen abwarten. Danach solle eine erneute Spiegelung erfolgen und gegebenenfalls eine operative Beseitigung der Verengung. Die Patientin ist anschließend dreimal bei mir gewesen im Abstand von je einer Woche. Beim dritten Mal fragte sie, ob ich bei der Behandlung etwas gesehen hätte, da habe sich doch etwas gelöst. „Nein“, meinte ich überrascht, „Was soll sich denn gelöst haben?“ „Irgendetwas Feinstoffliches. Ich konnte es nicht sehen, hab’s aber gespürt.“ Zwei Tage später rief sie mich an. „Ich kann völlig normal essen und trinken.“

„Waren Sie noch mal im Krankenhaus?“

„Nein, aber der Termin ist ja nächste Woche Freitag.“

„Na herrlich. Sagen Sie mal Bescheid, was die Chirurgen gemeint haben?“

Nach ca. zehn Tagen meldete sie sich.

„So, ich glaube, diesen Lebensabschnitt hab ich hinter mir.“

„Was war denn?“, fragte ich.

„Nun, ich wurde wie vorgesehen wieder oesophagoskopiert (Speiseröhrenspiegelung). Danach gab sich der leitende Arzt etwas irritiert.

‚Wissen Sie, es ist aber auch nichts zu sehen. Seltsam, wir haben doch den Befund festgehalten ... Nichts mehr davon; nicht mal eine Vernarbung.‘“

„Haben Sie gesagt, wo Sie waren inzwischen?“, fragte ich.

„Ja. ... Das Team hat mich seltsam angeschaut. Dann fing die OP-Schwester, sie hieß Edeltraut, so an zu lachen. Dann steckte die Chefsekretärin den Kopf herein und sagte:
‚Herr Professor, Herr Wipfelgipfler wartet schon so lange. Könnten wir denn?‘
‚Wir könnten‘, sagte der Chef, ‚Ach so; könnten Sie, Herr Schiller?‘, und wendete sich an seinen Oberarzt.
‚Wir könnten, Herr Professor.‘
‚Na, dann können wir ja.‘
Der Chefarzt hat sich gar nicht verabschiedet; ich weiß ja nicht, woran er gerade dachte. Da lief die OP-Schwester hinterher und lachte immer noch.
Ich lag allein im Vorbereitungsraum, als hastig der Anästhesist herein kam.
‚Mit fiel siedend heiß ein, dass wir Sie vergessen haben. Wegen der Sache eben muss ich Sie dringend interviewen. Wann darf ich Sie anrufen?‘“

Zahlreiche Patienten suchten meine Praxis auf wegen Funktionsstörungen der Schilddrüse. In fast allen Fällen kam es zu einer zumindest weitgehenden Normalisierung dieser Funktionsstörungen.
Ich behandelte Patienten auch rein energetisch wegen zu hoher Blutdruckwerte. Bei erheblich mehr als der Hälfte der Patienten konnte eine Normalisierung der Blutdruckwerte erreicht werden.

Neben internistischen Krankheiten, Hautkrankheiten und Augenkrankheiten suchen mich natürlich viele Patienten mit orthopädischen Leiden auf, da sie glauben, dass ich als Orthopäde für die Behandlung dieser Erkrankungen geradezu prädestiniert bin. Ich glaube jedoch, diese Auffassung ist nicht realistisch, stellt doch das Geistige Heilen eine Therapieart dar, die den ganzen Menschen bis in die tiefsten Schichten seiner Persönlichkeit hinein erfasst.

Meine Erfolgszahlen liegen im Bereich dessen, was man auch in großen Statistiken über die Heilungschancen der verschiedensten Erkrankungen bei der Anwendung geistiger Heilweisen nachlesen kann. Unbedingt kann man sagen, dass sich die Erfolge Geistigen Heilens zumindest mit den Erfolgen der Schulmedizin messen können. Geistiges Heilen braucht einen Vergleich dieser grundsätzlich unterschiedlichen Therapiesysteme nicht zu scheuen.

Gestern war eine 30-jährige Patientin bei mir, die unter schweren Rücken- und Hüftgelenksschmerzen leidet. Sie machte zunächst einen Folgetermin aus für in drei Wochen. Heute früh um 8.30 Uhr rief sie an und bat um einen Termin noch in dieser Woche. Sie sei schmerzfrei wach geworden nach einer Nacht mit ungewöhnlich gutem und von Schmerzen ungestörtem Schlaf und sie wolle unbedingt diesen für sie wunderbaren Zustand stabilisieren.

Ich möchte noch erwähnen, dass ich sehr gute Erfahrungen mache, wenn es um die Begleitung einer Chemotherapie oder einer Bestrahlungsserie bei Tumorerkrankungen geht. Fast immer kann man die Patienten so unterstützen, dass sie von den üblichen Nebenwirkungen dieser gravierenden Therapiemaßnahmen weitgehend verschont bleiben.

Es gibt auch Patienten, die mein Arbeiten absolut negativ beurteilen, wenn sich nach den ersten Behandlungen kein Erfolg einstellt. So lag eines Tages eine Patientin vor mir auf der Untersuchungsliege, die einen starken Hüftgelenks- und Kniegelenksverschleiß beidseits aufwies. Ich sagte ihr, für ihr

Körpergewicht sei sie meiner Ansicht nach entschieden zu klein. Sie schaute mich verständnislos an.
„Ich schätze, dass Sie mindestens dreißig Kilo Übergewicht haben. Stellen Sie sich vor, wie lange schon ihre Gelenke dieses Übergewicht tragen müssen, für das sie gar nicht gebaut sind. Es ist doch so, als würde man jahrelang einen LKW mit einem Motor fahren, der eigentlich für einen Kleinwagen konzipiert ist."
Die Patientin reagierte ungehalten. Sie esse ja kaum etwas, sagte sie. „Weniger als ein Vögelchen, Herr Doktor", präzisierte sie ihre Angabe über ihr gewohnheitsmäßiges Fasten. Ihr letzter Arzt habe ihr auch ihr Übergewicht vorgeworfen, aber so einfach dürften es sich die Ärzte nicht machen.
Wie üblich beendete ich auch in diesem Fall die Heilmeditation durch ein Gebet. Beim Hinausgehen sagte die Patientin, wegen eines neuen Termins rufe sie an.
Am nächsten Tag rief ihr Ehemann an. „Gebetsstunden" bekomme seine Frau anderswo billiger, dazu brauche sie nur in die Kirche zu gehen. Und das koste höchstens ein paar Cent.
Ich glaube nicht, dass ich dieser Patientin oder Patienten mit ähnlicher Einstellung helfen kann. Ich beneide anderseits meine schulmedizinischen Kollegen nicht, die ihr irgendwann neue Gelenke einsetzen müssen.

C DAS BIOPHYSIKALISCHE MODELL

„Der menschliche Geist, der aus dem Verstand, den Gefühlen und den Wahrnehmungen aller lebenden Zellen besteht, kann den menschlichen Körper hellwach oder deprimiert machen.
Der Geist ist der König, und alle Zellen sind die Untertanen; sie verhalten sich genauso, wie es der Laune ihres Herrn entspricht.
Ebenso wie wir uns Gedanken über den Nährwert unserer täglichen Mahlzeiten machen, so sollten wir auch den Nährwert der psychologischen Menüs untersuchen, die wir unserem Geist täglich anbieten."

(Paramahansa Yogananda)

Der Geist, der die Materie steuert

Pressemeldung vom 19.10.04:

„Extrahiertes Gehirn als Computerersatz:
Isolierte Hirnzellen steuern Düsenflieger.

Um herauszufinden, wie ein Gehirn funktioniert, experimentieren derzeit an einer Universität in Florida Wissenschaftler mit Hirnzellen von Ratten. Das – etwas makabre – Ergebnis: 25.000 lebende Nervenzellen aus einem Nagerhirn sind in der Lage einen simulierten Kampfjet zu steuern. Langfristig könnten Hirnzellen möglicherweise als Mini-Computer eingesetzt werden, so die Forscher.

Für das Experiment entnahmen Wissenschaftler Zellen aus einem Rattengehirn und kultivierten es in einer Glasschale. Bei einem Versuch konnte das extrahierte Gehirn dann in einer Simulation einen F-22-Kampfjet steuern. Dafür wurden die Nervenzellen auf 60 Elektroden aufgetragen, die sich dort schnell verbanden und ein lebendes neuronales Netz bildeten.

Am Anfang gelang es dem Versuchshirn nicht, das Flugzeug zu kontrollieren, so dass es immer wieder in zufällige Richtungen abdriftete. Später jedoch konnte die Gehirn-Substanz den Kurs halten. Das Gehirn verfüge über eine enorme Speicherkapazität, so die Wissenschaftler – zudem verfüge es über eine Flexibilität, die ein Computer nie erreichen werde. Wann rattenhirngesteuerte Flugzeuge und Netzwerke serienreif sind, konnten die Forscher – zum Glück – nicht sagen.“

Und andersrum geht's auch ...

In einer großen deutschen Wochenzeitung erschien in der 43. Woche des Jahres 2004 ein Bericht über aktuelle Aspekte der Hirnforschung. Inhalt: Ein Amerikaner lebt als erster Mensch mit einem Chip im Gehirn, der seine Gedanken liest und umsetzt. So kann der Querschnittsgelähmte von ferne Computer, Fernseher und Heizung steuern – und eines Tages vielleicht auch Arme und Beine. Da wird ein Mann beschrieben, 24 Jahre alt, in guter Verfassung. Er sitzt im Rollstuhl und malt Kreise auf den Bildschirm seines Computers, dabei liegen seine Hände reglos im Schoß. Vom Hals an aufwärts ist er querschnittsgelähmt. Er malt aber nicht die Kreise auf dem Bildschirm des Computers, sondern es genügt, dass er denkt, dass er malt. Er stellt sich vor, er male einen Kreis, und dieser Kreis erscheint. Er kann aber noch mehr mit seiner „Wunschmaschine im Kopf": Er schaltet die Programme des Fernsehers, er korrigiert die Lautstärke, er ruft seine neuen E-Mails zum Lesen auf. Aber das sei erst der Anfang, so schreibt dieser Artikel. Der Patient glaube fest daran, dass er eines Tages über gezielte elektrische Nervenreize sogar seine eigenen Arme wieder werde bewegen können. (*„Wunschmaschine im Kopf"*, Der Spiegel, 43/2004)

Dem Patienten wurde ein Chip zur Gedankensteuerung ins Gehirn gepflanzt. Eine amerikanische Hightech-Firma hat die Technik entwickelt, zusammen mit Forschern einer amerikanischen Universität. Der oben erwähnte Patient im Rollstuhl beherrschte nach drei Monaten Übung bereits das Herumsteuern des Mauszeigers an seinem PC. Der 24-jährige Patient, ehemals gefeierter Footballspieler, war vor gut drei Jahren verletzt worden und ist seit diesem Tag gelähmt. Der Chip, den der junge Mann im Kopf trägt, hat haarfeine

Messfühler aus Silicon; diese ragen 1,5 mm tief ins Zellgewebe der motorischen Hirnrinde, ein Bereich, der für die Steuerung von Armen und Beinen verantwortlich ist. Er stellt sich bestimmte Bewegungen vor und unzählige Hirnzellen senden in rasender Folge elektrische Signale aus; ein Computer deutet diese Signale und setzt sie in die Bewegung eines Mauszeigers um. Nach einiger Übung kann der Gelähmte auf diese Weise indirekt über den PC Geräte bedienen. Die Überschrift von der „Wunschmaschine im Kopf“ ist wirklich angebracht und die Realität wird dieser Bezeichnung immer mehr nahe kommen.

Unsere Körper könnte man bezeichnen mit intelligenter Energie. Naturwissenschaft und Psychologie haben wichtige Erkenntnisse zutage gefördert. Haben wir einen Gedanken, ein Gefühl oder einen Wunsch, transformiert sich diese Energie als Molekül im Gehirn. Dieses Molekül wird Neuroprotein genannt und ist so etwas wie die Sprache des Gehirns. Intellektuelle Energie, emotionale Energie, Wunschenergien werden zu Neuroproteinen. Sie stellen die Verbindungen zu anderen Zellen her. Dieser Nachrichtenaustausch funktioniert aber nicht nur unter den Gehirnzellen, sondern überall im Körper. Jede Zelle des Körpers verfügt über einen denkenden Geist. Deshalb können wir auch sagen, das ganze Universum ist ein lebendiger, mit Bewusstsein ausgestatteter Organismus. Für den Sprachgebrauch der Naturwissenschaft heute handelt es sich hier um lokalen Geist, der nicht nur in unserem Gehirn, sondern in allen Zellen ist.

Der Körper ist ein Fluss von Bewusstsein und erneuert sich ständig. Unsere alten Muster aber bleiben. Die Krise bleibt, die wir mit den gleichen energetischen Mustern neu strukturieren, die auch auf unseren Körper einwirken. Die Muster oder die Erinnerungen, die uns immer die gleichen psychischen Abläufe bringen, bewirken die Krankheit und strukturieren die physischen Abläufe. Unsere Wirklichkeit gestaltet sich so, wie wir etwas aufnehmen. Gedanken und Gefühle materialisieren sich in Molekülen und steuern unseren Körper.

„*Unser Körper ist eben nicht das, was wir in der Vergangenheit gemeint haben: ein Konglomerat von Molekülen. Er ist vielmehr ein Prozess, ausgelöst durch diesen leeren Raum, den wir auch Bewusstsein nennen können, aus dem Energie sich formiert zu einem Instrument, das auf der psycho-physischen Ebene agieren kann.*“ (W. Jäger)

Früher meinte man, der Geist sei im Gehirn, die Intelligenz sei im Nervensystem. Heute wissen wir, dass Bewusstsein nicht im Körper eingeschlossen ist, dass es so weit reicht wie der Kosmos. Das ganze Universum ist dieses Bewusstseinsfeld. Raum und Zeit existieren in diesem Bewusstseinsfeld nicht, auch Vergangenheit, Gegenwart und Zukunft existieren nicht.

Hier kommt wieder der Begriff der Photonen ins Spiel. Sie scheinen Mittler zu sein zwischen Materie und Geist. Sie bilden das Licht in unseren Zellen und sind maßgeblich an vielen Lebensvorgängen beteiligt. Sie bilden Felder, die in einem Organismus alle Lebensvorgänge steuern. Materie und Geist bilden eine Einheit und interagieren ständig. Das Photonenfeld ist das oberste noch fassbare Feld von Energien, das unser Leben aufrecht erhält und immer wieder neu ordnet. Ordnen wir dieses Feld, das über Geist und Psyche steht, so können wir den ganzen Menschen ordnen. Störungen im Denken und in der Psyche setzen sich über Veränderungen in der Bioenergetik in physischen Defekten fort. Regulationen auf der bioenergetischen Ebene können solche Krankheiten verhindern oder heilen. Glücklicherweise überträgt sich aber auch die emotionale Energie von Liebe und von liebevollen

Gedanken auf die gleiche Art und das sogar noch besser, denn sie stehen in Harmonie mit der Natur des Universums.
Hier setzt ein beliebter Gedanke der Esoterik an: „Das Universum wird immer formbarer und empfänglicher für unsere Gedankenformen. Dies trägt dazu bei, die Zeiten zwischen den Gedanken und ihrer Manifestation zu verkürzen. Mussten wir früher jahrelang einen Gedanken hegen, bevor er sich in unserem Leben manifestieren konnte, so braucht es dazu heutzutage nur noch ein paar Tage."

Machen wir diese Gedanken zu zentralen Gedanken unserer Heilarbeit und nehmen wir Abstand von den Methoden einer äußerlich ansetzenden Spitzentechnologie, so bewegen wir uns auf den innersten Kern des Geist-Körper-Systems zu. In diesem Kern beginnt die Heilung. Es ist der Verbindungspunkt zwischen Geist und Materie, wo das Bewusstsein tatsächlich zu wirken beginnt und Realitäten schafft.
Kennen wir im eigentlichen Sinne die biophysikalischen, energetischen Aspekte des Heilens, so müssen wir uns dennoch nach dem Grund für das häufige Wiederauftreten von Krankheiten fragen. Die medizinische Behandlung erfolgt heute ganz überwiegend auf der physischen Ebene. Wir würden mit Sicherheit länger anhaltende Heilerfolge erzielen, wenn wir auch das Energiefeld behandeln würden. Dass und inwieweit wir dies bereits können, mögen uns die Fachleute für energetische und Informationsmedizin sagen.

Während meiner Ausbildung zum Facharzt für Orthopädie absolvierte ich in einigen Urlaubswochen eine Ausbildung im Fach Chirotherapie, da es immer schon mein Traum gewesen war, einmal einen medizinischen Beruf auszuüben, zu dem man als Instrumentarium nur seine Hände benötigt; und da Chirotherapie die Kunst ist, Funktionsstörungen von Gelenken der Wirbelsäule und der Extremitäten mit Handgrifftechnik zu beseitigen, kam mir diese Spezialdisziplin durchaus entgegen. Später wurde sie mein Hauptstandbein im Spektrum meiner therapeutischen schulmedizinischen Möglichkeiten. Sieben Jahre lang hielt ich Kurse für Ärzte in Chirotherapie im Rahmen einer der Hauptärzteseminare für manuelle Medizin in Deutschland. Und meiner Beschäftigung mit Chirodiagnostik und Chirotherapie verdanke ich ein sehr intimes Verhältnis zu den Gelenken des menschlichen Bewegungsapparates und ihrer muskulären Aussteuerung.

Nun arbeitete ich während meiner Weiterbildungsjahre an einer orthopädischen Universitätsklinik in der Abteilung für Biomechanik in der Grundlagenforschung über die Neurophysiologie der Gelenke. In unserem zum Teil ambulanten Patientengut hatten wir viele Hämophilie-Patienten, also überwiegend junge Menschen mit der gefürchteten Bluterkrankheit, wobei es heute nicht mehr zu lebensgefährlichen Blutungen in innere Organe kommt, da sich fehlende Gerinnungsfaktoren gezielt ersetzen lassen; dagegen kommt es häufig zu Blutungen in Gelenke und Muskelgruppen und damit zu frühzeitigen und zum Teil schweren Körperbehinderungen, wobei die Blutungen oft durch kleine Bagatellunfälle wie Prellungen und Zerrungen entstehen.

Unsere Untersuchungen hatten ergeben, dass durch einen blutigen Kniegelenkserguss die Muskulatur, die das Knie streckt, erheblich abgeschwächt wurde, während die Kraft der Muskulatur, die das Knie beugt, um ein Mehrfaches anstieg. Nach Abpunktieren des Ergusses nahmen wir eine erneute Messung der maximal erreichbaren Muskelkraft vor und erkannten, dass sich die ergussbedingte Änderung der Muskeln völlig normalisiert hatte.

Dann untersuchten wir ein größeres Kollektiv von Patienten mit rheumatisch entzündeten Kniegelenken. Auch hier bestand – aufgrund der entzündlichen Aktivität im Gelenkinneren – eine Verschiebung der maximal erreichbaren Muskelkraft so, als hätte das Knie einen Erguss. Es gelang uns aber, diese Muskelkraftänderung durch Injektion eines örtlichen Betäubungsmittels in das betreffende Gelenk wieder aufzuheben und zu normalisieren. Die „Muskel-Entgleisung" musste also durch die Entzündung hervorgerufen sein und konnte über die Betäubung der Nervenendigungen in der inneren Gelenkkapsel wieder aufgehoben werden.

Das gleiche Ergebnis erhielten wir bei der Untersuchung von 50 Bergleuten, die zum Teil schon vor Jahren an unfallgeschädigten Knien operiert worden waren. Hier bestand das Muskelungleichgewicht zum Teil noch Jahre nach der Operation, was dazu geführt hatte, dass 35 der 50 operierten Patienten inzwischen das betreffende Knie nicht mehr voll strecken konnten. In diesen Fällen wurde damals allgemein – und wird oft heute noch – angenommen, die Gelenkkapsel, die Bänder und Sehnen des Gelenkes seien inzwischen geschrumpft und deshalb habe das Gelenk seine volle Beweglichkeit eingebüßt.

Ich erinnere mich noch sehr gut an den Vormittag, an dem ich das Krankenzimmer eines solchen Patienten betrat; er war vor zwei Jahren am Knie operiert worden und hatte jetzt eine nicht mehr volle Streckfähigkeit des voroperierten Gelenkes. Ich ging zu seinem Bett, erklärte ihm unsere Fragestellung und bat ihn, eine kleine Menge eines Lokalanästhetikums, eines örtlichen Betäubungsmittels, in sein Kniegelenk injizieren zu dürfen. Er willigte ein, und zwar so, als wolle er sagen: „Machen Sie nur mit mir, was Sie wollen; es ist schon so viel

versucht worden und geholfen hat das alles nicht.“ Ich injizierte also das Lokalanästhetikum, wir warteten etwa zwei Minuten, und dann bat ich ihn, sein Knie voll durchzudrücken, also komplett zu strecken. Nach einigen Versuchen gelang es ihm und ich weiß nicht, wer mehr überrascht war, der Patient oder ich.
Nun stürzte sich unsere Arbeitsgruppe geradezu auf Patienten, die nach einer unfallbedingten Operation einen Teil ihrer Gelenkbeweglichkeit verloren hatten und bei denen die nach der Operation angefertigten Röntgenbilder einen anatomischen Grund für das Bewegungsdefizit nicht erkennen ließen. Durch mehrfache Injektionen eines Lokalanästhetikums im Abstand von einigen Tagen gelang es uns in vielen Fällen, das Bewegungsdefizit auf Dauer aufzuheben. Der Wirkmechanismus dieser Vorgänge insgesamt ließ sich nur durch eine Entgleisung der muskulären Aussteuerung der Gelenkbeweglichkeit erklären. Auch ist heute die Neurophysiologie solcher Störungen und ihrer möglichen Aufhebung weitgehend geklärt.

Viele Jahre später erinnerte ich mich an diese Versuchsreihen und unsere daran anknüpfenden Überlegungen und Spekulationen. Es kamen nämlich auch Patienten zu mir mit ebensolchen Einbußen der Gelenkbeweglichkeit wie oben beschrieben. Ich legte meine Hände auf das Gelenk, spürte die Wärme oder das bekannte „Kribbeln“ meiner Handinnenflächen – oder beides – und die Patienten gaben häufig an, ihrerseits eine starke Wärme im Gelenk gespürt zu haben. Und nach einigen solchen Behandlungen, die immer in eine energetische Behandlung des ganzen Körpers eingebettet waren, hatte sich die Beweglichkeit des betroffenen Gelenkes gebessert oder gar normalisiert.

Ich stand hier vor einem ganz konkret messbaren Resultat des „Heilens“, das wir als neurophysiologisches Phänomen schon nachgewiesen hatten – unter Zuhilfenahme eines Lokalanästhetikums, das ja nervale Regulationsmechanismen außer Kraft zu setzen vermag – lange bevor ich überhaupt schon ans Heilen oder seine Wirkmechanismen gedacht hatte.

NATURWISSENSCHAFT ALS GRUNDLAGE – ODER: ERWIN

„Mensch, Erwin, wo kommst du denn her?“, sage ich leise wie zu mir selbst, aber eigentlich zu dem Herrn, der aus dem Halbdunkel des Restaurants in den strahlenden Sonnenschein auf der Aussichtsterrasse neben dem Jemaa-El-Fna-Platz in Marrakech tritt. Ich schaue ihn an. Ist es wirklich Erwin? Graues, dichtes Haar; früher war es tatsächlich blau-schwarz – weshalb Karin es so mochte; Karin aus unserem Semester in der Vorklinik. „Ich will ja nichts von ihm“, sagte sie, „aber seine Haare finde ich süß.“ Es war das erste Mal, dass ich hörte, Haare könnten süß sein. Ich hab’s dann erst wieder 26 Jahre später gehört, von meiner ältesten Tochter, die das recht beiläufig von einem Freund erwähnte, in einer Unterhaltung mit Nicola, ihrer zwei Jahre jüngeren Schwester. Clara, noch mal zwei Jahre jünger, wurde aus Altersgründen in diese Gespräche noch nicht mit einbezogen.

Erwin war einfach gut in Physik. Er war so gut, dass er sich nach dem Physikum von der Medizin verabschiedete und Physik studierte. Er wechselte den Studienort, was ich sehr bedauerte, denn er war immer mein persönlicher Physikratgeber gewesen. Ich glaube, auch sein Vater war Physiker. Ich weiß noch, wie er in der 12. Klasse (damals Unterprima genannt) unseren Physiklehrer lebhaft und mit großer Gestik darüber aufklärte, dass unser ganzer Physiksaal, ja unsere ganze Schule reine Energie sei, ja, eigentlich die ganze Welt, und dass Energie niemals verloren gehe, was auch bedeute, dass wir weiter leben würden. Unser Physiklehrer konnte nicht so genau zuhören; er war abgelenkt durch drei von uns – ich gehörte auch dazu – die auf den Fensterbänken saßen; und da der Physiksaal stufenweise nach hinten anstieg,

näherten sich die unteren Ränder der Fenster in den hinteren Reihen dem Boden.
„Schließen Sie bitte die Fester, nicht dass wieder jemand heraus fällt und keiner will's gewesen sein", rief er uns zu. Allerdings wusste die Schulchronik nichts davon, dass im Physiksaal Schüler aus dem Fenster gefallen waren. „Also Erwin, was Sie uns da verkünden, haben Sie das von Ihrem Vater?"
„Nein, ich finde einfach, es liegt doch auf der Hand ... Oder glauben Sie, Herr Burg, dass Energie verloren gehen kann?" Erwin war schon als Junge rhetorisch so gut, dass manchmal allein deswegen niemand ihm widersprach. Man hatte das Gefühl, hätte man diesem klaren Blick und dem völlig offenen Gesicht, das zu einer einzigen Frage geformt war, jetzt abschlägig geantwortet, so wäre Erwin tief traumatisiert gewesen. Herr Burg hatte das wohl schon mehrfach empfunden. So antwortete er auch jetzt mit einem „Na ja, wir sollten darüber nachdenken."

Ich stehe also da und schaue nicht mehr auf den Platz unter mir, sondern auf dieses Phänomen, in welchem ich Erwin zu erkennen glaube. Er ist offenbar allein unterwegs. Er trägt einen weißen Strohhut gegen die Sonne, offenes weißes Hemd mit halblangem Arm (trug er in den fünf Semestern Medizinstudium auch), lange helle Leinenhose, Sandalen ohne Socken (hätte er Socken in den Sandalen getragen, wär's bestimmt nicht Erwin gewesen). Er schaut sich um, orientiert sich, dann tritt er ans Geländer und schaut nach unten. Er legt beide Hände in den Nacken, faltet sie, streckt sich und macht ein Hohlkreuz. Die Bewegung kenne ich noch. Ich gehe zu ihm hinüber und stelle mich hinter ihn. Ich schaue ihn unverwandt an, von schräg hinten. Er merkt etwas; er nimmt die Arme herunter, wartet einen Moment, dann dreht er sich langsam in meine Richtung. Und während ich denke: „Sensibel ist er immer noch“, treffen sich unsere Blicke – die blauen Augen in dem braunen Gesicht, das sich jetzt zu einer einzigen Frage formt. „Ja“, sage ich langsam, „ich bin es und du auch ...“ Er nickt nur zögernd, macht unsicher einen halben Schritt auf mich zu; dann hebt er die Arme, kommt noch einen Schritt näher, legt mir die Hände auf die Schultern und fragt: „Mensch Wolfgang, was machst du denn hier? Konntest du nicht anrufen vorher?“ Und er lächelt jungenhaft.

„Ich meine, deine Fragen wären früher intelligenter gewesen“, sage ich lachend. Er macht eine einladende Handbewegung mit der Rechten und wir setzen uns an einen der weißen Tische am Geländer.

„Bist du ohne Begleitung hier?“, fragt er mich.

„Nein“, sage ich, „mit Hadj.“

„Mit wem?“, fragt er zurück.

„Mit Hadj Ibrahim El Kadmiri.“

„Ist Hadj ein Name?“, fragt Erwin.

„Nein. Hadj darf sich ein Mohammedaner nennen, wenn er eine Pilgerfahrt nach Mekka gemacht hat.“

„Ach so, das sind also die Besseren?“

„Nicht jeder wird die Gelegenheit dazu haben“, sage ich, „Hadj Ibrahim war auch nicht in Mekka. Aber ich nenne ihn Hadj. Für ihn ist das ein wenig so, als wäre er schon da gewesen. Er freut sich darüber, und wenn er es einem verwunderten Landsmann erklärt, lachen sie sich tot.“

„Und du“, frage ich, „mit wem bist du hier?“

„Ich bin allein, Karin konnte nicht mitkommen“, sagt er. Ich schaue ihn etwas ungläubig an.

„Welche Karin?“, frage ich.

„Karin, meine Frau.“

„Ist es etwa die Karin, die mit uns studiert hat und nach dem Physikum nach Innsbruck ging?“

„Ach richtig“, lacht er, „Die kennst du ja auch. Am Anfang wollte sie nie, dass ich zum Friseur gehe ...“
„... Weil sie deine blauschwarzen Haare süß fand.“
„Tatsächlich“, lächelt er. „Wir haben uns später in München wieder getroffen. Und da ging dann alles ganz schnell. Wir haben gleich nach unseren Examen geheiratet und bis heute hat’s gehalten. Nur Kinder haben wir keine, leider.“
„Was hast du beruflich gemacht?“, will ich wissen. Inzwischen stehen zwei Mineralwasser vor uns und wir trinken uns zu.
„Ich hab die meiste Zeit in München studiert; später hatte ich ein Stipendium in den Staaten. Und da sind wir auch noch mal für zehn Jahre hingegangen. Als ich zurückkam, war ich in Amsterdam, Genf und schließlich wieder in München. Eigentlich habe ich viel Zeit mit Quanten verbracht – entschuldige, ich gehe nicht in Einzelheiten. Ich nehme an, du bist Arzt geworden?“
„Ja; aber dir verdanke ich die Erkenntnis, dass Energie erhalten bleibt, und, weißt du, heute arbeite ich – eigentlich bin ich Orthopäde und Chirotherapeut – viel in einem Bereich, in dem energetische und Informationsmedizin die entscheidenden Rollen spielen und die Quantenphysik ...“
„Aber du hast doch davon keine Ahnung, oder? Und wie heißt denn der entsprechende Facharzttitel?“
„Heiler“, sage ich lachend und überhöre die erste Feststellung.
„Healer ...“, sagt er, „Ein Freund von mir hat das englische Doctor-Healer-Network mit aufgebaut. Sag mal, ist da was dran?“
„Siehst du, Erwin, es gibt eben auch Dinge, von denen du nicht so viel Ahnung hast. Also, da ist eine Menge dran. Eine Menge Biophysik; vieles hat mit deinen Quanten zu tun. Und wenn du mir sagen könntest, was energetische Physik ist und was Informationsphysik ist und wie viel Platz für Spiritualität dann

in dem ganzen System noch bleibt ... Ach, glaubst du noch an Gott?“

„Ja natürlich glaube ich an Gott, ich bin doch Physiker. Vor zwanzig Jahren sagten meine Kollegen, wenn ich sie dasselbe fragte: ‚Aber ich glaube doch nicht an Gott, ich bin doch Physiker ...‘ Aber du hast mich vorher etwas gefragt. Von Heilern habe ich gehört, aber dass ihr vor dem Wind meiner Physik hersegelt ... Sag mal, wo wohnst du eigentlich hier in Marokko?“

„In Agadir, im Hotel Tafoukt. Der Besitzer ist ein Vetter von Hadj – und behauptet seinerseits, ich sei ein Bruder von ihm, also vom Besitzer.“

„Bist du?“, fragt Erwin.

„Bin ich nicht, oder eigentlich nicht, aber wenn dir ein Marokkaner aus wirklicher Freundschaft sagt, du bist sein Bruder, dann bist du’s eigentlich.“

„Ich wohne auch in Agadir, ein Stück weiter in einem neuen großen Hotelkasten. Aber wir können uns doch im Tafoukt treffen und über Gott und die Welt, die Quanten und die Energie, die Information, die Felder, die Holografie, über unsere gemeinsame Vergangenheit plaudern – Lebt eigentlich Burg noch, unser Physiklehrer? – und über die Jahre sprechen, die wir uns nicht gesehen haben. Wolfgang, ich kann’s noch gar nicht fassen, dass wir hier zusammen in Marrakech sitzen! ... Wie ist denn bei dir alles gegangen?“

Ich will zu einer längeren Erzählung ansetzen, da steht Hadj neben unserem Tisch. Er ist gekleidet wie ein Banker, eigentlich immer, wenn wir in Marokko zusammen sind. Hadj war ein Patient von mir Anfang der 90er Jahre. Es ging ihm nicht gut damals und er hat immer gesagt, sobald er in Pension geht, wolle er die meiste Zeit des Jahres in Casablanca und Agadir leben („In Casablanca habe ich mein Haus, in Agadir meinen Cousin.“). Das Klima hier tut seiner Gesundheit sehr

gut und zu Hause zu sein hilft seiner Seele. Er ist glücklich und unabhängig und braucht keinen Arzt mehr. Insh'allah.
Erwin schaut ihn einen Augenblick fragend an, dann stehe ich auf, fasse Hadj am Arm, berühre mit meiner Rechten kurz meine Herzgegend und sage: „Hadj, das ist Erwin. Erwin ist Physiker, und wir kennen uns seit vielen Jahren. Erwin, das ist Hadj, er war zwar noch nicht in Mekka, aber dass ich ihn so nenne, soll ein Ansporn sein. Er hat mich heute in seinem Daimler hergefahren und er wird glücklich sein, auch dich heute Abend mit zurück nehmen zu können, wenn du möchtest."
Die beiden machen das verbindlichste Gesicht, das jeder zu vergeben hat und reichen sich die Hand.
„Salam aleikum (Der Friede sei mit euch)", sagt Erwin.
„Wa'm aleikum al salam (Und der Friede sei mit euch)", erwidert Hadj. Er ist gerührt. Sein Gesicht ist jetzt dunkelbraun gebrannt, aber in Deutschland war es auch schon brauner als meins, und es ist von vielen Falten durchzogen. Und ich kenne ihn so lange, dass ich seinen braunen Augen sofort ansehe, wenn er gerührt ist. „Nun gebt mal nicht so an", sage ich, weil die Atmosphäre etwas offiziell geworden ist. Beide lachen. Hadj setzt sich zu uns und wir besprechen, wo wir zu Abend essen und was wir uns bis dahin noch anschauen wollen.

Quantenphysik in Splittern – oder: Am Strand

Am Strand vor dem Hotel Tafoukt stehen 40 Liegestühle neben fest montierten kleinen Sonnendächern. Die Front des Hotels ist strahlend weiß, die Fensterrahmen und Balkonbrüstungen sind blau gestrichen. Die gleichen Farben zeigen Liegestühle und Sonnendächer. Jussuf steht nahe beim Hintereingang des Hotels, dort, wo der Strand beginnt, und wartet darauf, dass er den wenigen Gästen ein Getränk bringen darf.

Erwin und ich haben uns erst gegen 11.00 Uhr getroffen; gestern kamen wir gegen Mitternacht aus Marrakech zurück. Ich hatte Afsawi Bescheid gesagt, dass ein alter Freund von mir kommt; er möge ihm zeigen, wo ich zu finden bin. Afsawi ist der Chef des Speisesaales, des Restaurants, einer Bar im Hotel und einer in der Nähe des Swimmingpools; auch Küche und Getränkekeller unterstehen seiner Oberaufsicht. Wenn Afsawi mich zum Frühstück begrüßt oder zum Abendessen, kommt er an meinen Tisch, fragt je nach Tageszeit nach der Nacht oder dem Lauf des Tages und erkundigt sich nach meinen Wünschen. Er ist schlank bis hager, 1,90 m groß, hat auf schmalem Schädel schwarz gelocktes Haar und trägt immer einen dunkelblauen Anzug – nein, durchaus nicht immer denselben – und eine dunkelrote, weiß-gepunktete Krawatte. Mit Hadj ist er wohl einige Jahre zur Schule gegangen. Sie begrüßen sich immer, als hätten sie sich seit der Schulabschlussfeier nicht mehr gesehen.

Afsawi hatte es sich nicht nehmen lassen, Erwin zu meinem Liegestuhl zu bringen. Erwin hatte sich eine Liege hergezogen und neben meine gestellt. Er bat Jussuf um zwei Espressi und zwei Tonic („Wenn du einverstanden bist"), und jetzt saßen oder lagen wir da, schauten aufs Meer und erzählten von den

letzten 35 Jahren, in denen wir uns nicht mehr gesehen hatten. Die Sonne war jetzt im Februar angenehm, nicht zu warm, aber das Meer war noch zu kühl, um darin zu baden. Gegen 13.00 Uhr hatten wir etwas gegessen, waren eine Stunde am Wasser entlang gelaufen und hatten uns nun wieder hingesetzt.
„Es wird Zeit, dass du vom Heilen erzählst“, sagt Erwin, „Du hast es zwischendurch kurz erwähnt. Sag mal, ist das nur Glaube und Hoffen, oder gibt es zu dem Thema konkrete Fakten?“
„Also, ich fange mal mit dem einfachsten Beispiel an, nicht gerade mit den Müttern, die ihren weinenden Kindern ihre Hände auflegen, aber gleich danach. Kleine Besetzung: ein Heiler, ein Patient, körperlich messbare Reaktion zur Zeit noch keine. Zwei Menschen sitzen im Abstand von ca. drei Metern einander gegenüber. Die Rollen werden verteilt. Der erste ist der Empfänger. Er soll nichts tun als sich seinen zufälligen Gedanken und Gefühlen überlassen. Ein zweiter – von Beruf Heiler – soll sich mit Gedanken der Zuwendung auf sein Gegenüber konzentrieren; von beiden wird ein EKG aufgezeichnet, werden Atemrhythmus und Puls registriert. Nach ca. 20 Minuten beginnen die Kreislaufparameter des Empfängers sich denen des Absenders anzugleichen, einschließlich der EKG-Kurven. Ähnliche Versuche hat man mit EEG-Vergleichen durchgeführt und immer wieder reproduziert und bestätigt.
Jetzt ein mehr theoretisches Beispiel: Forscher in den USA schließen eine Versuchsperson an einen Lügendetektor an. Vorher entnehmen sie einen kleinen Verband von Zellen aus seiner Mundschleimhaut. Diese Zellprobe stellen sie in einem weit entfernten biophysikalischen Labor in eine Nährlösung. Auch diese Zellprobe wird mit Elektroden verkabelt und an Messgeräte angeschlossen. Nun werden der Versuchsperson am Lügendetektor Fragen gestellt und immer dann, wenn der

Lügendetektor ausschlägt, reagiert auch der Zellverband dieser Versuchsperson im weit entfernen Labor."
„Na und?", fragt Erwin.
„Ich meine, wenn das Experiment mit dem Lügendetektor funktioniert, dann gelingt es doch auch mit heilenden Impulsen über Entfernungen hinweg. Siehe das erste Beispiel, die EKG-Veränderungen des ‚Empfängers' betreffend."
„Feldtheorie", sagt Erwin gelangweilt.
„Wie bei meinem Radiologen", ergänze ich.
„Eine Zeit lang war ich an jedem Freitagnachmittag bei dem von mir favorisierten Radiologen, Dr. Werner Dewes, Privatdozent, damit beschäftigt, unter computertomographischer Kontrolle ein Medikament in die Gelenke der Lendenwirbelsäule einiger Patienten zu injizieren. Eines Tages kommt er zu mir und möchte mir gerne seinen neuen Kernspintomographen zeigen. Ich unterbreche meine Arbeit, folge ihm und im Vorbereitungsraum des Kernspintomographen fordert mich Kim (weltbeste Radiologieassistentin) auf, meine Kreditkarten aus der Tasche zu entfernen, falls ich Kreditkarten einstecken habe; das Magnetfeld des MRT würde sie sonst löschen.
Im Raum, in dem der Kernspintomograph steht, hält mein Radiologe grinsend einen Kugelschreiber vor die Röhre des Tomographen, lässt ihn los, und wie von Geistermund angesaugt, verschwindet der Kugelschreiber und wird durch die Röhre geschleudert. ‚Beeindruckend', sage ich, höre mir noch ein wenig zum Gerätetyp an und gehe wieder zu meiner Arbeit. Als ich fertig bin und alle Patienten versorgt habe, verlasse ich die Praxis und gehe über die Straße zur Tiefgarage. Ich stecke den Parkschein in den Kassenautomaten; der reagiert nicht. Ich versuch's noch mal und noch mal. Dann suche ich mir das Büro der Parkhausaufsicht und erkläre dem dort sitzenden Angestellten, was ich gerade erlebt habe.

‚Waren Sie heute zum Röntgen?‘, fragt er. ‚Ja, sozusagen.‘ Und im selben Augenblick weiß ich was geschehen ist. Erstens hat das starke Feld des Kernspintomographen den Magnetaufdruck meines Parkscheins gelöscht, zweitens hab ich ganz schön auf der Leitung gestanden.“

„Es gibt schlimmeres im Leben“, sagt Erwin und fährt fort: „Magnetfelder im Hausgebrauch eben. Ich erinnere mich daran, dass mal auf dem Schreibtisch eines Kollegen ein Buch lag ‚Die Seele ist ein Feld‘. Aber es geht ja nun um mehr. Im ersten Versuch hat der Absender körperliche Reaktionen beim ‚Empfänger‘ ausgelöst. Einführungsseminar Quantenphysik. Musst du mir das antun?“

„Wenn du's mir erklärst, zahle ich heute das Abendessen bei Afsawi.“

„Na schön. Erste Seminarstunde: ‚Quantenphysik in Splittern‘ ...

„Also ...“, beginnt Erwin, „Für die Vorstellungswelt der modernen Physik hat die Quantentheorie zentrale Bedeutung. Sie wurde durch Max Planck begründet, der den Begriff des elementaren Wirkungsquantums formulierte. Albert Einstein und entscheidend 1913 Niels Bohr entwickelten die Quantentheorie weiter. In den 20er und 30er Jahren wurde sie weiter ausgebaut durch Heisenberg, Schrödinger, Dirac, von Neumann und andere.

Geht die Analyse des menschlichen Körpers über die Ebene von Zellen und Molekülen hinaus, so wird die Ebene der Atome und der subatomaren Strukturen erreicht, deren Physik nur vor dem Hintergrund der Quantentheorie zu verstehen ist. Bisher sind sie zusammenhängend nur als mathematische Strukturen beschrieben worden.

Die Quantentheorie erzwingt ein neues Nachdenken über die Beziehung von Subjekt und Objekt, von Seele und Leib. Bohr und Heisenberg sahen bereits in den 20er und 30er Jahren, dass die substantielle Trennung von Subjekt und Objekt nach Descartes in der modernen Naturwissenschaft nicht durchgehend aufrechterhalten werden könne.
Newton beschrieb ein Universum als Maschine: eine materielle Welt, in der individuelle Materiepartikel bestimmten Gesetzen der Bewegung durch Raum und Zeit folgten.
Der französische Philosoph René Descartes hatte seine Zeit mit der Vorstellung konfrontiert, wir, unser Denken, seien getrennt von der leblosen, unbeteiligten Materie unseres Körpers, der nur eine Art gut geölte Maschine sei. Der Mensch befand sich außerhalb dieses Universums und blickte von außen hinein. Sogar der menschliche Körper war getrennt und etwas anderes als unser Selbst, das die Welt beobachtete.
So hatten Newton und Descartes Gott und das Leben aus der materiellen Welt entfernt und uns und unser Bewusstsein aus dem Mittelpunkt unserer Welt gedrängt. Newtons Vision riss uns aus dem Gewebe des Universums heraus‘ (Donah Zohar in ‚The Quantum Self‘).

Charles Darwin versetzte uns einen weiteren Stoß mit seiner Theorie der Evolution. Sie war der Entwurf eines menschlichen Daseins, das auf dem Recht des Stärkeren, auf Sinnlosigkeit, Einsamkeit und Zufall beruht: der Mensch als Zufall der Evolution, der lebt um zu gewinnen und zu überleben.
So wurden durch Newton, Descartes und Darwin die Menschen aus dem Zentrum ihrer Welt vertrieben. Vielen blieb nur die Religion, die mit ihren Idealen von Liebe, Vergebung, Lebenssinn und Gemeinschaft einen gewissen Trost bot. Es wurde schwer, die Ansichten der Wissenschaft und das Aufgehobensein in der Religion in Einklang zu bringen.

Dann gelang es den Pionieren der Quantenphysik, in das innerste Herz der Materie zu blicken. Die winzigen Materieteilchen waren nicht reine Materie, sie waren auch nicht ausschließlich ein anderes bestimmtes Etwas. Manchmal waren sie das eine, manchmal das andere, und oft waren sie gleichzeitig mehrere Möglichkeiten. Diese Partikel, kleiner als Atome, waren keine isolierten Teilchen, sondern Bedeutung hatten sie nur in ihrer Beziehung zu allem anderen. Das Universum zeigte sich als ein dynamisches System von Wechselwirkungen. Die hier verbundenen Dinge hielten, wenn sie einmal in Kontakt gekommen waren, über Raum und Zeit hinweg diesen Kontakt aufrecht. Raum und Zeit waren auf dieser Ebene nicht mehr anwendbar; Raum und Zeit existierten faktisch nicht.
Auch die Rolle des Menschen änderte sich. Er wurde durch die neuen Anschauungen ins Zentrum eines jeden physikalischen Prozesses gerückt. Denn subatomare Partikel existieren in unterschiedlichen Zuständen, bis sie von uns, dem Betrachter, gestört werden. Wenn wir sie beobachten, ändern sie sich und werden zur Realität; subatomare Partikel werden zu fester Materie.

Einige Forscher schlossen aus ihren Berechnungen auf das Nullpunkt-Feld – einen Ozean von Schwingungen im freien Raum. Sie sahen als grundlegenden Unterbau des Universums ein Meer von Energie, in dem alles mit allem verbunden ist. Sie entdeckten auch, dass alle Lebewesen aus Ansammlungen von Quantenenergie bestehen, die ständig Informationen mit diesem Meer von Energie austauschen (Lynne Mc Taggart, ‚Das Nullpunkt-Feld').

Auch unser Denken richtet sich nach den Quantengesetzen. Denken und Fühlen haben mit Quanteninformationen zu tun;

sie ziehen durch unser Gehirn und durch unseren Körper. Und schließlich vollzieht sich die menschliche Wahrnehmung aufgrund von Wechselwirkungen zwischen den subatomaren Teilchen unseres Gehirns und dem Meer der Quantenenergie. So stehen wir in Resonanz mit dem gesamten Universum.“

„Ich möchte zu all dem etwas sagen“, unterbreche ich Erwin, „als Mediziner, Energiearbeiter, Heiler und Arzt. Zunächst bin ich ungeheuer erleichtert, dass die Spiritualität wieder Platz in unserem Denken und Empfinden, sogar in unserer Wissenschaft hat. Mit dem Aufkommen der Quantenphysik begegneten ja die Physiker im Innersten des Atoms dem Geist, der Wandelbarkeit der Materie, dem Übergang von einem Seinszustand in den anderen. Würden die jungen Ärzte in den Vorstellungen der Quantenphysik denken, dann würde unsere Medizin große Schritte nach vorn machen und aufhören, ein Meer chronisch Kranker zu produzieren. Dann würden wir aufhören, körperliche Symptome zu kurieren und unsere Erfolge ausschließlich an Laborergebnissen und auf Röntgenbildern abzulesen. Denn Hand in Hand mit quantenphysikalischem Denken würden wir der Spiritualität wesensmäßig wieder näher kommen, und das zum Wohle unserer Patienten. In den USA gibt es bereits Handbücher und Anleitungen für den ärztlichen Umgang mit der Spiritualität der Patienten.

Natürlich gibt es Ärzte, die nichts mit Religiosität zu tun haben möchten. Aber dennoch können sie spirituell sein, indem sie sich ihren Patienten liebend zuwenden. Gute Heiler sagen: ‚Wir behandeln keine Symptome, ja eigentlich keine körperlichen Krankheiten. Auch wenn die Symptome abklingen oder verschwinden – ohne gleichzeitig Wirkung auf die innere Verfassung, auf den Lebenssinn, schließlich auf das

Bewusstsein und die Seele des Menschen zu haben, geht keine Heilung.'"

Erwin nickt zustimmend – und er kommt zurück zum Thema: „Die Quantenphysiker entdeckten, dass man, wird die Materie in immer kleinere Teilchen zerlegt, schließlich einen Punkt erreicht, an dem diese Teile wie Elektronen oder Protonen nicht mehr die Eigenschaften von Gegenständen haben. Zwar kann sich ein Elektron manchmal wie ein kompaktes kleines Partikelchen verhalten, aber die Physiker haben doch erkannt, dass es tatsächlich keine räumliche Dimension aufweist. Ein Elektron ist eben kein Gegenstand von der Art, die wir kennen. Wie ein Verwandlungskünstler kann es als Partikel oder als Welle auftreten, eine Eigenschaft, die alle subatomaren Teilchen besitzen. Nach Auffassung vieler Physiker sollte man subatomare Phänomene nicht ausschließlich als Wellen oder Teilchen bezeichnen, sondern als eine eigene Kategorie von Erscheinungsformen, die auf unerfindliche Weise beides sind. Diese Erscheinungsformen werden als Quanten bezeichnet. Für die Physik ist dies der Grundstoff, aus dem das gesamte Universum besteht.

Die Quanten manifestieren sich nur dann als Teilchen, wenn wir sie beobachten. Ein Elektron ist stets eine Welle, solange es nicht beobachtet wird. Jede Welle besitzt stets eine gewisse Energie. Es ist unter Physikern nicht unumstritten, aber wenn die Physiker das Minimum der Energiemenge berechnen, das eine Welle besitzen kann, kommen sie zu dem Ergebnis, dass jeder Kubikmeter des Weltraumes mehr Energie enthält als die Gesamtenergie aller Materie im uns bekannten Universum.

Es gibt ein riesiges Energiereservoir, und die Quantenphysik hat bewiesen, dass es ein Vakuum oder die absolute Leere nicht gibt. Vielmehr ist dieses Vakuum ein Plenum, eine Fülle, eine Fülle von Energie. Diese Energie bezeichnen die Physiker auch als Nullpunkt-Feld oder Nullpunkt-Energie, denn die Fluktuationen dieser Energie sind auch dann noch nachweisbar, wenn die Temperaturen unter dem absoluten Nullpunkt liegen (-243°C). Bei diesen Temperaturen entfällt jede Wärmebewegung als treibende Kraft. Nullpunkt-Energie ist die Energie, die übrig bleibt, wenn der Raum so leer und die Energie so niedrig wie möglich ist, so dass sie nicht mehr weiter verringert werden kann. So enthält das Vakuum eine unbegrenzte Menge von Energie. Hierzu sei der Physiker Richard Feynman zitiert: *‚Die Energie in einem einzigen Kubikmeter Raum reicht aus, um alle Ozeane der Welt zum Kochen zu bringen.‘* (Lynn Mc Taggart, ‚Das Nullpunkt-Feld‘)

Die Existenz des Nullpunkt-Feldes bedeutet, dass alle Energie im Universum durch Wellen miteinander verbunden ist, die sich durch Zeit und Raum ausbreiten und bis ins Unendliche gelangen können; dabei verbinden sie jeden Teil des Universums mit jedem andern. Auch finden sich in der Vorstellung des Nullpunkt-Feldes Anhaltspunkte für metaphysische Begriffe, beispielsweise den der Lebenskraft Chi (aus dem chinesischen Glauben), die in alten Texten manchmal im Sinne eines Energiefeldes beschrieben wird.

Alle Lebewesen, der Mensch eingeschlossen, bestehen aus Ansammlungen von Quantenenergie, die ständig Informationen mit dem unerschöpflichen Energiemeer austauschen. So besteht ein Zugriff auch auf alle subatomaren Teilchen, die es je gegeben hat oder zum gegenwärtigen Zeitpunkt gibt oder noch geben wird, auf alle nur erdenklichen Erscheinungsformen der Materie, der Energie und des Lebens, auf alle Gedanken, die je gedacht wurden, auf alle Kräfte, die

die Größe und Gestalt unserer Galaxien und unseres Universums bestimmen.

Und schließlich – wir wissen es nicht – könnten dahinter noch unendliche Stufen der Weiterentwicklung auftauchen."

HOLOGRAPHISCHES UND ENERGETISCHES

„Es ist nicht so, dass die Welt der Erscheinungen einen falschen Eindruck vermitteln würde; es ist nicht so, dass es dort draußen auf einer bestimmten Wirklichkeitsebene keine Objekte gäbe; es ist vielmehr so, dass Sie, wenn Sie einen Durchbruch wagen und das Universum unter einem holographischen Aspekt betrachten, zu einer anderen Sicht, einer anderen Wirklichkeit gelangen. Und diese andere Wirklichkeit vermag Dinge zu erklären, die bislang wissenschaftlich nicht erklärbar waren: paranormale Phänomene, Synchronizität, die augenscheinlich sinnvolle Koinzidenz von Ereignissen." (Carl Pribram in einem Interview in *„Psychology Today";* zitiert von M. Talbot.)

Erwin: „Den Neurochirurgen Carl Pribram faszinierte die Frage, wie und wo Erinnerungen im Gehirn gespeichert würden. In den frühen 40er Jahren des 20. Jahrhunderts ging man davon aus, dass Erinnerungen im Gehirn lokalisierbar sind. Seit 1946 war Pribram Mitarbeiter des Neuropsychologen Lashley und an seinem Institut lernte er Tierversuche kennen, die eindeutig belegten, dass bestimmte Erinnerungen nicht an bestimmte Orte im Gehirn gebunden waren. Er begann anzunehmen, dass Erinnerungen über das gesamte Gehirn verstreut waren. 1948 erhielt Pribram einen Ruf nach Yale, wo er als Neurochirurg auch nach größeren Hirnoperationen oder Kopfverletzungen keine Gedächtnislücken bei den betreffenden Patienten feststellen konnte. Mitte der 60er Jahre schließlich las er einen Aufsatz über die Herstellung eines Hologramms, und in einer blitzartigen Erkenntnis sah er: das Konzept der Holgraphie war nicht nur begeisternd, sondern lieferte auch die

Erklärung für die Frage, nach deren Antwort er so lange gesucht hatte.

Das wesentliche Merkmal des Hologramms ist, dass jedes kleine Fragment eines holographischen Filmes alle Informationen enthält, die im ganzen Film aufgezeichnet sind. Eine Voraussetzung der Holographie ist ein Interferenzmuster aus Wellen von Laserlicht. Laserlicht ist eine extrem reine oder kohärente Form des Lichtes und so eignet es sich besonders gut für die Ausbildung von Interferenzmustern.

Pribram forschte weiter über die Folgen, die sich aus seiner Theorie von der holographischen Struktur unseres Gedächtnisses ergaben. In den 70er Jahren hatte er so viel Beweismaterial für die Richtigkeit seiner Thesen angesammelt, dass er seinen Sohn fragte, einen Physiker, wer ihm außerhalb seines eigenen Fachgebietes, der Neurochirurgie, in dieser Frage noch weiterhelfen könne. Sein Sohn riet ihm, sich einmal die Arbeiten von David Bohm anzuschauen.

Bohm hatte in den 30er Jahren früh begonnen, sich mit der Quantenphysik zu befassen. Wenn man, so entdeckten die Quantenphysiker, die Materie in immer kleinere Teilchen zerlegte, erreichte man schließlich einen Punkt, an dem diese Teilchen nicht mehr die Eigenschaft von Gegenständen hatten. Erstaunlich war die Erkenntnis, dass sich die kleinsten Teilchen, Quanten, nur dann als kleinste Teilchen manifestieren, wenn wir sie beobachten; andernfalls waren es Wellen. Vor einer Beobachtung ist eine Welle über Zeit und Raum verstreut, nicht materiell und nicht lokal und existent nur im Bereich der Vorstellung. Zum Zeitpunkt der Beobachtung werden aus der Welle Teilchen. Es handelt sich um ein Raum-Zeit-Ereignis, die Teilchen sind lokalisiert und sind nicht im

Bereich der Vorstellung, sondern im Bereich des Materiellen vorhanden.
Eine der aufregendsten Thesen Bohms lautete, dass die konkrete Realität unserer alltäglichen Erfahrungen in Wahrheit eine Illusion sei, vergleichbar mit einem holographischen Bild. Ihr zugrunde läge eine tiefere Seinsordnung, eine unermessliche und ursprünglichere Wirklichkeitsebene, die alle Objekte und Erscheinungen unserer physischen Welt auf ganz ähnliche Weise hervorbringe wie ein holographischer Film ein Hologramm erzeuge.
Bohm bezeichnete diese tiefe Wirklichkeitsebene als ‚implizite Ordnung' (= verhüllte Ordnung) und unsere eigene Seinsebene bedeutete für ihn die ‚explizite Ordnung' (= enthüllte Ordnung). Bohm glaubte, dass das Bewusstsein eine subtilere Form der Materie sei und dass die Basis für alle Beziehungen zwischen beiden nicht auf unserer eigenen Wirklichkeitsebene, sondern tief in der impliziten Ordnung läge (M. Talbot).

Die Theorien von Bohm und Pribram lassen sich so zusammenfassen:
Unser Gehirn konstruiert auf mathematischem Wege eine objektive Realität durch die Interpretation von Frequenzen, die letztlich Projektionen aus einer anderen Dimension sind, einer tieferen Seinsordnung, die sich jenseits von Raum und Zeit erstreckt. Das Gehirn ist ein Hologramm, das sich in einem holographischen Universum verhüllt.

Der Deutlichkeit halber sei noch einmal dargestellt, wie ein Hologramm hergestellt wird. Dazu wird ein einziger Laserstrahl in zwei getrennte Strahlen aufgespaltet. Der erste Strahl wird von einem Gegenstand, z. B. einem Apfel, reflektiert. Den zweiten Teil des Strahles lässt man mit dem reflektierten Licht des ersten Strahles kollidieren, und das

dadurch entstehende Interferenzmuster wird auf einen Film (oder auf einen Spiegel) gebannt.
Von einem einzigen Laser beleuchtet, hat das Spiegelbild des Apfels nur eine allenfalls vage Ähnlichkeit mit dem Apfel. Doch sobald wir einen weiteren Laserstrahl hinzunehmen, erscheint ein gestochen scharfes, dreidimensional dargestelltes Abbild des Apfels.

Aber ein Hologramm hat noch andere Besonderheiten als den räumlichen Eindruck, den das Bild vermittelt. Zerstückelt man nämlich die Abbildungsebene des Apfels, so enthält jedes noch so kleine Fragment ein dreidimensionales Bild des gesamten Apfels. Wie wir heute wissen, würde das Experiment misslingen, wenn wir den Apfel mit einer Lichtquelle aus normalem Streulicht anstrahlen würden oder auch nur mit einem einzelnen Laserstrahl.

1987 hatten der Physiker Robert C. Jahn und die wie Jahn in Princeton tätige klinische Psychologin Brenda J. Dunne verlauten lassen, sie hätten nach zehnjährigen, streng überwachten, nach wissenschaftlichen Kriterien durchgeführten Experimenten in ihrem Labor unzweideutige Beweise dafür gesammelt, dass der Geist durch übernatürliche Kräfte auf die physikalische Realität einwirken könne. Anders formuliert: Jahn und Dunne hatten herausgefunden, dass Menschen allein durch geistige Konzentration im Stande waren, die Funktionsweise bestimmter Maschinen zu beeinflussen.
Dies ließ sich zwar nicht mit unserem gängigen Wirklichkeitsverständnis erklären, wohl aber mit holographischen Vorstellungen. Überhaupt können ja auch eine Reihe paranormaler Vorgänge mit unseren heutigen

‚wissenschaftlichen‘ Methoden nicht erklärt werden – wohl aber mit der Vorstellung eines holographischen Modells.

Dies legte ein radikal neues Paradigma nahe, das uns neuartige Möglichkeiten eröffnen konnte, klinische Phänomene zu erfassen und miteinander zu verknüpfen (M. Talbot, ‚Das holographische Universum‘).

Professor Groof, Leiter einer psychiatrischen Forschungsabteilung und gleichzeitig Assistenzprofessor an einer medizinischen Hochschule in den USA, sammelte aus seinen eigenen Untersuchungen Erfahrungsberichte, die zeigten, dass Patienten Angaben über ihren pränatalen Aufenthalt im Mutterleib machen konnten. Auch stellte er fest, dass das Bewusstsein mancher Patienten während der energetisch-meditativen Behandlung die Grenzen des eigenen Ichs zu sprengen vermochte.
Zunächst führte Groof Versuche durch, in denen er die betreffenden Versuchspersonen befragte, nachdem sie das Rauschmittel LSD genommen hatten. Er definierte dabei einen holographischen Bewusstseinszustand als eine Situation, in dem sich ein Zugang zum riesigen, holographisch organisierten Informationsspeicher des Menschen und des Universums öffnete und der dadurch alle Seinsschichten miteinander verband, nämlich die biologische, psychologische, physische und spirituelle Schicht. Und was ihm in diesem Zustand der Patienten möglich war, nannte er die „holotrope Therapie“. Er setzte dabei schnelle Atmungsfrequenzen, beschwörende Musik (Informationsgehalt der Musik zu therapeutischen Zwecken) und Körpermassagen ein. Seine Arbeit bezeichnete Groof als das ‚Abenteuer der Selbstentdeckung‘.“

Wolfgang: „Mich erinnert das zunächst daran, dass wir mit der Vorstellung arbeiten, Geistiges Heilen finde am Grunde des eigenen Selbst, außerhalb von Raum und Zeit statt. Und daran, dass wir mit unserem spirituellen Heilen die Selbstheilungskräfte unserer Patienten aktivieren. Es erinnert mich schließlich daran, dass wir auch heute noch die Musik als Heilmittel und dabei speziell als Informationsträger betrachten.
Ich selbst habe Heilen aus der Sicht eines Patienten und als Arbeit mit der Informationskraft der Musik erlebt. Ich war damals vergeblich ein Jahr lang chemotherapeutisch behandelt worden. Dieses Jahr hatte aber weder vermocht, mich von den krankheitsbedingten Symptomen und von den schlechten Laborwerten zu befreien, noch meine allgemeine Leistungsfähigkeit zu steigern, die damals ziemlich am Boden lag.
Durch einen der so berühmten Zufälle geriet ich an A. Berti, einen Heiler aus Hamburg. In meinem Fall untermalte er unsere Heilmeditationen mit dem dritten Akt der Parzival-Musik unter dem Aspekt der Erlösung als Hauptinformationsgehalt.
Diese Meditationen führten mich zu tiefen Einblicken in mein Inneres und zum tieferen Kennenlernen meiner Hohen Mächte. Es ging immer nur um Heilung und um neue Sinngebung für mein Leben. Nach etwa einem Jahr – ich war inzwischen acht- bis zehnmal bei A. Berti gewesen – sagte er mir, ich bedürfe seiner jetzt wirklich nicht mehr; zum heilenden Arbeiten sei ich genauso ausgestattet wie er selbst. Ich müsse nur vertrauen, alles andere geschähe im Plan der universell heilenden kosmischen Intelligenz des göttlichen Heilplanes.

Nun, vom spirituellen Aspekt geistig-energetischen Heilens werden wir später noch reden. Jedenfalls gelang es mir damals, meine im äußeren Niederschlag somatische Krankheit wesentlich zu verbessern und zu meiner alten Leistungsfähigkeit zurückzufinden. So zeigte mir der Rollentausch meiner eigenen Geschichte vom Arzt zum Patienten und zurück zum Arzt und Heiler, dass der Geist die Materie beeinflussen oder auch die Materie in Geist umwandeln konnte.

Das haben die von dir erwähnten Forscher also entdeckt. Vieles sprach dafür, dass wir alle durch ein extrem energiereiches kosmisches Feld miteinander in Verbindung standen. So musste es auch möglich sein, das Reservoir energetischer Informationen als Schöpfungsquelle für uns selbst zu nutzen. Die Vermutung lag nahe, dass wir lediglich eine zielgerichtete Aufmerksamkeit zu erzeugen brauchten, um unseren Körper zu beeinflussen, und dass auf der tiefsten Ebene von Geist und Materie jeder von uns seine Welt erschaffen könnte. Darin äußerte sich die einmalige Fähigkeit von Quantenwellen, enorme Informationsmengen als Gesamtheit zu speichern; darin äußerte sich ferner, dass unser Gehirn diese Informationen lesen und weiter verarbeiten konnte, möglicherweise unter Einbeziehung auch anderer Lebewesen. Diese Auffassung kam den heutigen Vorstellungen über das Funktionieren geistiger Heilwirkungen schon sehr nahe, arbeitet doch der Heiler in Resonanz mit der göttlichen Energie mit Liebe, Vergebung, Demut und Dankbarkeit. Würde er in der Lage sein, diese Information an den Patienten weiter zu geben, so wären wir im Erklärungsmodell der biophysikalischen Arbeitsweise einer Energie- und Informationsmedizin ein beträchtliches Stück weiter gekommen.“

Erwin: „Der Physik-Nobelpreisträger Eugene Wigner sagte: *‚Was das Elektron vom Wellenzustand in den*

Teilchenzustand übergehen lässt, ist das Bewusstsein des Beobachters.' In dieser Ganzheit wären dann wirklich alle Teile des Universums, auch der Beobachter und seine Instrumente, miteinander verschmolzen und vereinigt.
Dazu sagt David Bohm: *‚Geist und Materie sind beides Produkte des Denkens. Vor langer, langer Zeit haben wir Geist und Materie durch Sprache und Denken geschieden und seitdem glauben wir, dass sie tatsächlich verschieden sind.'*

Die neueste Forschung spricht vom lebenden Organismus als einem makroskopischen Quantensystem, d. h. einem System, das in der Lage ist, gemeinschaftlich mit Quantenfeldern in Quantenprozessen zu agieren. Es wird vermutet, dass das Bioenergiefeld des Organismus nicht nur aus bekannten Kraftfeldern besteht, sondern auch aus den eher esoterischen Feldern, wie den Potential- oder Quantenfeldern. Letzteres korrespondiert mit dem Informationsfeld, das Bohm vorgeschwebt hat als das ‚Hologramm der impliziten Ordnung'. Es wird inzwischen angenommen, dass dieses Feld als Medium der Verbindungen aller Lebensbereiche fungiert.
Ganz wesentlich an dem Funktionieren des holographischen Prinzips ist, dass nicht nur die schnelle Nachrichtenübermittlung möglich ist, sondern das Vorhandensein aller Informationen über den Gesamtorganismus an jeder Körperstelle.

Robert W. Jahn, von dem schon vorhin in Zusammenhang mit der Beeinflussung von Maschinen durch unser Bewusstsein die Rede war, hielt es für wissenschaftlich eindeutig erwiesen, dass unser Bewusstsein physikalische Systeme beeinflussen und mit Informationen versehen kann.
Nach Jahn beeinflusst der Mensch mit seinen Gedanken und Gefühlen andere Menschen, beliebige andere lebende

Organismen und die so genannte tote Materie, und ebenso kann er auf direktem geistigen Wege, d. h. ohne Einsatz der äußeren fünf Sinne und zusätzlich gebauter Maschinen, Informationen sowohl aus Lebewesen sowie aus der unbelebten Natur gewinnen, unabhängig von Raum und Zeit. Die wahrgenommenen Grenzen zwischen Bewusstsein und Umgebung werden abgelöst durch eine Verschmelzung von ‚Ich' und ‚Nicht-Ich' und das resultierende verbundene System zeigt Veränderungen sowohl in der physikalischen Umgebung wie im Bewusstsein.

Jahn erklärt: ‚Das Bewusstsein und der physiologische Organismus sind Meister im Austausch von Information mit der Umgebung, was ihnen erlaubt, von ihr zu lernen. Eine erfolgreiche Strategie zur Informationsübertragung setzt eine gewisse Auflösung der Identitäten zwischen Sender und Empfänger der Information voraus. Diese Auflösung ist ebenso das Rezept für jede Form von Liebe: das Aufgeben der selbstbezogenen Interessen der einzelnen Partner zugunsten des Paares. Mit den strengsten wissenschaftlichen Experimenten und analytischer Logik sind wir offenbar auf nichts weniger als die treibende Kraft sowohl des Lebens wie des physischen Universums gestoßen: Liebe, mit einem großen L geschrieben, die gleiche überragende Kraft der kreativen Existenz, schon lange erkannt in praktisch jeder gelehrten Disziplin und in jeder anderen kulturellen Periode. Es ist die gleiche Kraft, die Johannes in seinem ersten Brief nennt: Gott ist Liebe. Der Eintritt der Liebe als Währung in die wissenschaftliche Welt mag auf den ersten Blick radikal und revolutionär erscheinen, aber sogar hier finden wir frühere Hinweise auf die gleiche universelle Einsicht, zum Beispiel bei Louis de Broglie, dem vollkommenen Wissenschaftler der Renaissance und Urvater der modernen Physik, der schrieb: *‚Wenn wir der tiefen Verbindung zwischen Gedanken und Aktion einen*

philosophischen Ausdruck geben wollen, in allen menschlichen Bereichen, insbesondere in der Wissenschaft, sollten wir zweifellos die Quellen in der Tiefe der menschlichen Seele suchen. Philosophen mögen es Liebe nennen, die Kraft, die alle unsere Aktionen leitet und die Quelle all' unserer Freude und Ziele ist. Sie ist unauflöslich verbunden mit dem Denken und dem Handeln. Liebe ist der gemeinsame Ursprung und die gemeinsame Verbindung.'
Im Kern lautet Jahns Botschaft, die eine Botschaft eines anerkannten Physikers ist: ‚Wenn wir uns selbst lieben, können wir uns selbst heilen. Wenn wir die Welt lieben, können wir die Welt heilen'."

Wolfgang: „Dabei scheint mir, dass die Holographie möglicherweise nur ein Bild für Wellen-Interferenzen in der Sprache des größten Energiespeichers ist. Ist dies der Fall, dann ist nicht nur die Biologie, dann sind auch Psychologie und Spiritualität zumindest zum Teil als Quantenprozess erklärbar. Denn alles spricht dafür, dass des Menschen Fähigkeit zur Erkenntnis und Kommunikation sehr viel tiefer und weiter reicht als wir bisher annahmen. Dann wird einmal mehr deutlich und glaubhaft, dass wir in der Tiefe des Menschen jenseits von Raum und Zeit heilen und was unsere Motivationen beim Heilen sein können."

Erwin: „Wir bestehen nur zum ganz unwesentlichen Teil aus Materie der Zellen, aber größtenteils aus Kraft-Wechselwirkungen im Vakuum.
‚Es gibt also nichts Festes, was Materie aufbaut, und was wir Masse nennen sind Energiewirbel im Vakuum' (U. Warnke). Unser Wille, der mit dem Bewusstsein zusammenarbeitet, schafft Realität, wie ich bei jeder bewussten Körperbewegung demonstriere. Dabei spielt die Energie des Vakuums die

entscheidende Rolle. Und das Vakuum macht 99,999 Prozent unseres Körpers aus."

Wolfgang: „Und so wissen wir aufgrund all dessen: Die Wechselwirkung von Photonen und Quanten, von Elektronen und ihren Wellen untereinander, getragen vom Vakuum (‚Plenum') und hier in Verbindung mit dem riesigen Energiespeicher des Vakuums, moduliert und gesteuert von unserem Bewusstsein, bestimmt nahezu alle Ereignisse in der Welt und in uns selbst. Wenn nun unser Bewusstsein mit dem Energiespeicher des Vakuums arbeitet und über Wellen und subatomare Teilchen das Universum und alles darin Enthaltene mitsteuern kann, und wenn diesem ganzen System ein steuerndes, ja schöpferisches Prinzip innewohnt, müssen wir uns dann eigentlich fragen, warum Geistiges Heilen so konkret ist, in Bereichen arbeiten kann, wo viele Patienten ‚austherapiert' sind und warum unsere Erfolgszahlen mit denen der etablierten Schulmedizin durchaus mithalten können? Ich meine, vor all diesem Positiven die Augen zu verschließen, ist keine Frage eines kritischen, selbstbewussten und hoch entwickelten Intellektes, entspringt nicht der Sorge um das Wohl des Patienten, sondern ist Berührungsangst vor dem Neuen, Unbekannten, ist die Angst, sich mit der Forderung nach Spiritualität der Medizin und mit Gebeten, die wir hier und da für die und mit den Patienten sprechen, zu offenbaren; und es ist sicherlich zum Teil auch die Angst, zu seiner Überzeugung zu stehen.

Übrigens, Erwin, ich schulde dir noch einige Berichte über Versuche, die den Erfolg Geistigen Heilens unter Beweis stellen. Ich möchte sie hier in aller Einfachheit kurz darlegen.
Wie ich schon erwähnte, konnte mit einer weiterentwickelten Form des Elektroenzephalogramms (EEG) nachgewiesen

werden, dass sich die Gehirnaktivitäten, also die registrierten Signalmuster von Heiler und Patient einander angleichen, so lange sich der Heiler mit Zuwendung auf seinen Patienten konzentriert.

Aber auch Wunden schlossen sich unter den Händen von Geistheilern schneller. In einem renommierten Forschungsinstitut in Kalifornien ließ ein Arzt bei 44 Freiwilligen mit einem Biopsiegerät kleine, gleich große Schnitte am Oberarm anbringen. In den darauf folgenden zweieinhalb Wochen nahm jede Versuchsperson täglich 15 Minuten hinter einer undurchsichtigen Abschirmung Platz, wobei sie den Arm mit der Schnittwunde durch ein Loch in der Trennwand stecken musste. Dreiundzwanzig von ihnen saßen, ohne es zu wissen, einer Geistheilerin gegenüber. Hauptaufgabe der Heilerin war es nun, die Schnittwunden zu schließen, indem sie die Hände über die Verletzung hielt. Bei den so behandelten Versuchspersonen waren die Wunden schon 8 Tage nach Beginn des Experimentes im Durchschnitt um 93,5 % kleiner geworden, wie der Arzt, der nichts vom Zweck des Versuches wusste, feststellte, während in der Kontrollgruppe die Wunden nur um 67,3 % kleiner geworden waren.

Nach 16 Tagen lag dieses Verhältnis bei 99,3 zu 90,9 %; dreizehn der behandelten Wunden waren jetzt vollständig verheilt, unter den Wunden der Kontrollgruppe aber noch nicht eine einzige.

Manche Krankheiten vermögen Geistheiler dadurch zu beeinflussen, dass sie das Wachstum von Krankheitserregern, wie Pilze und Bakterien, hemmen. Dies kann sogar unmittelbar geschehen durch geistige Kontaktaufnahme mit den betreffenden Zellkulturen und auch über die Arbeit mit einer

infizierten Person, bei der suggestiv ausgelöste Selbstheilungsprozesse in Gang kommen.
Bei den Heilern selbst treten messbare Veränderungen auf, für die es bisher keine befriedigende Erklärung gibt: Es kommt zu einem drastischen Absinken der Körpertemperatur, zu einem plötzlichen Kalium- oder Natriummangel im Blut, zu deutlich erhöhten Temperaturen an den Händen und am Kopf, während sie behandeln.
Die Kraft, die Geistheiler vermitteln, ist keine elektromagnetische Energie, aber sie wird von rätselhaften elektromagnetischen Veränderungen begleitet. Könntest *du* mir etwas über diese seltsame Energie sagen, mit der wir zu heilen glauben?“

Erwin: „Es ist als hätte ich's geahnt, dass wir uns hier treffen. Im letzten Winterhalbjahr habe ich an meinem Institut eine Vortragsserie gehalten über den Energiebegriff, die Energieanwendung und die Rolle von Energie in den Wandlungen des physikalischen Weltbildes vom Altertum bis zur Gegenwart. Die Vortragsreihe in Form eines Abendseminars wurde von der Volkshochschule initiiert und hatte interessierte Laien, auch Oberschüler und Studenten der unteren Semester – Mediziner, Biologen, Geografen, Maschinenbauer, Elektrotechniker, Ingenieure – als Ansprechpartner. Aus diesem Abendseminar schöpfe ich meine Detailkenntnisse zum Thema Energie; die Physik habe ich natürlich als berufliches Rüstzeug im Repertoire – zu deiner Beruhigung.

Also: Auf der Suche nach Quellen über den nicht-physikalisch genutzten Energiebegriff stieß ich auf das Buch ‚Geistiges Heilen in der ärztlichen Praxis‘, herausgegeben von einem

Dr. H. Wiesendanger. Und auf wen stieß ich unter den Essay-Schreibern? Auf Dr. med. Wolfgang Bittscheidt."

Wolfgang, lächelnd: „Erstaunt darüber?"

Erwin: „Nein. Ich fand auch keine unkorrekten Darstellungen der Erklärung der Energie, der heilenden Energie. Du erwähnst einen Dialog mit Brenda Dewes – nein, Davies. Du fragst, was Brenda eigentlich über die heilende Energie wisse, wo sie herkommt, wie sie wirkt. Und Brenda antwortet sinngemäß: ‚Die Energie, die durch uns hindurchfließt und die wir bündeln, ist für mich göttlichen Ursprungs. Ich sehe sie als universal energy, denn sie durchdringt das ganze Universum. Wenn wir sie weitergeben, aktivieren wir damit die Selbstheilungskräfte der Patienten.'"

Wolfgang: „Dann hast du auch schon von meiner vorübergehenden Metamorphose zum Patienten gehört, die ich mit energetischer Medizin beendete?"

Erwin: „Ja, und ich wusste von all dem nichts. Wir müssen darauf achten, dass wir niemals mehr in den Zustand geraten, des anderen Erreichbarkeit nicht zu kennen, sei es über Adresse, Telefon, Mobiltelefon oder E-Mail."

Wolfgang: „Danke, Erwin, für dein unverhohlenes Interesse an meiner Person ... Aber zurück zum Energiebegriff. Zunächst habe ich den Begriff der ‚heilenden Energie' unkritisch benutzt und einfach aus dem Sprachgebrauch der ‚Heilerszene' übernommen. So gehen die meisten Heiler davon aus, dass sie mit Energie arbeiten. Sie lassen ‚die Energie fließen, sie übertragen Energie, sie arbeiten am Energiekörper oder gleichen Energiedefizite oder Energieüberschüsse aus.' Und in meinen Vorträgen sprach ich häufig über ‚unser subtiles Arbeitsmedium, die Energie', ein schön klingender Begriff, der aber sonst wenig hergibt."

Erwin: „Eben. Dann hör dir mal Folgendes an: Für Geistiges Heilen ist der Energiebegriff zum wesentlichen Bestandteil geworden und dies vor allem für das Handauflegen, geistige Fernbehandlungen, Reiki, Chi Gong, Therapeutic Touch, Prana-Heilung, Radionik u. v. a. m.
Ebenso benutzen Anwender vieler alternativmedizinischer Verfahren die Begriffe Energie und Schwingung als Erklärung der Wirksamkeit ihrer Verfahren. Das gilt auch für Teilbereiche der Traditionellen Chinesischen Medizin, vor allem für die Akupunktur und verschiedene Formen der Akupressur. An dieser Art, den Energiebegriff zu verwenden, üben Physiker häufig Kritik, denn in der Physik ist Energie eine fundamentale Größe, die mit geleisteter Arbeit zusammenhängt und unterschieden wird in genetische[h1], potentielle, elektrische, magnetische oder chemische Energie.
Nun ist Energie, abgeleitet vom griechischen Wort energeia = Wirksamkeit, nicht nur ein physikalischer, sondern auch ein philosophischer Begriff. Aristoteles verwendet ihn für jede Kraft, die Realitäten entstehen lässt oder ändert. In etwa entsprechend dieser mehr philosophischen Vorstellung einer universellen, im ganzen Kosmos vorhandenen Kraft, finden sich in großen Kulturen Lebensenergie-Konzepte; im antiken Ägypten hieß diese Energie Ka, in China Chi, als die Spannung, die zwischen Yin und Yang liegt und für Lebensenergie steht, die in den Formen Erdenergie, Atemenergie, Nahrungsenergie, Abwehrenergie und psychische Energie auftritt. In Japan hieß die Lebensenergie Ku, bei den Juden der Antike Cheim, und in Indien Prana. Bekannt ist außerdem das Huna in ozeanischen Kulturen.

Paracelsus, der große Arzt der beginnenden Neuzeit (1493 – 1542) sprach von einer vis vitalis, einer Lebenskraft, in der unser Leben wurzelt und die das Leben in uns aufrecht erhält. Er sah darin ein nicht sichtbares, geistiges Ordnungsprinzip, dessen sinnvoll aufbauendes Wirken auf einen intelligenten übergeordneten Ursprung, nämlich Gott, zurückgehe.

Die Traditionelle Chinesische Medizin kennt Energiemeridiane, Leitungsbahnen also, in denen die Energie fließt, die uns am Leben hält. Der eine Teil der Energie, so die TCM, wird ständig mit Atmung, Licht und Nahrung aufgenommen, die andere Art unserer Energie ist angeboren und gespeichert, wird in den Nieren gebündelt und verbraucht sich im Laufe des Lebens, ohne erneuert werden zu können. Ist dieser Speicher erschöpft, so geht auch das Leben zu Ende."

Wolfgang: „Um welche Lebenskräfte und welche Energie geht es hier? Was ist die vis vitalis, die Lebenskraft? Wo finden wir westlich denkenden Menschen die Kraft, die unser Leben erhält? Und gibt es in unserem gesamten Universum nur eine einzige Form der Energie, die vom Universum über die Galaxien bis in unsere Zellsysteme reicht?"

Erwin: „Ich möchte zunächst einmal festhalten, dass ich die Fragestellung, ob es sich bei eurem Geistigen Heilen mehr um Energie als um Information handelt, für relativ unsinnig halte. Wir kennen Strukturen, die als Energieträger eine sehr wesentliche Rolle spielen. Das Entscheidende aber, was durch diese Energieformen übertragen wird, ist die Information. Welche Information ich auch übertrage, die Energie kann mehr oder weniger dieselbe sein, die Information kann jedoch höchst verschieden sein und auch von verschiedener Wirkung auf den zu heilenden Menschen. Nicht nur im bioelektro-magnetischen Feld um unseren Körper herum, sondern auch in unserem Organismus selbst verfügen wir über ein ultraschnelles und potentes Informationssystem. Diesem hat sich vor allem die Biophotonenforschung gewidmet, die heute weltweit von etwa 40 Forschungsteams betrieben wird.

Wir können sagen, dass *Biophotonen* Lichtquanten sind, die in allen Organismen aus lebenden Zellen vorkommen. Ihr Entdecker, der Physiker Professor Fritz-Albert Popp, nannte sie in den 70er Jahren ‚ultraschwache Zellstrahlung'; später sprach er vom ‚Licht in unseren Zellen'. Und diese Biophotonen sind maßgeblich an vielen Lebensvorgängen beteiligt. Sie besitzen einen hohen Ordnungsgrad. Sie bilden Felder und ein gemeinsames Biophotonenfeld in einem Organismus. Diese Felder steuern alle Lebensvorgänge. Sie können mit Lichtgeschwindigkeit Signale an jeden Ort des Körpers übermitteln. Sie können biochemische Prozesse einleiten oder auch hemmen.

Photonen scheinen Mittler zwischen Materie und Geist zu sein. Sie wirken im Bereich des Materiellen wie auch im Bereich des Bewusstseins. Photonen, so nimmt man an, besitzen bereits eine bewusstseinsähnliche Qualität. Die Geisthaftigkeit der Materie tritt in der Naturwissenschaft immer stärker in den Vordergrund, wobei die Wellenhaftigkeit als ihr geistiger Aspekt, der Teilchencharakter als ihr materieller Aspekt gesehen wird.

Das Biophotonenfeld scheint das oberste noch fassbare Feld von Energien zu sein, das unser Leben aufrecht erhält und immer neu ordnet. Wenn wir dieses über Geist und Psyche stehende Feld ordnen, so können wir den ganzen Menschen ordnen. Krankheit ist also nicht einfach nur ein Defekt an einem Körperteil. Wer Krankheit nur als Defekt sieht, nutzt nicht das Regenerationspotential des Organismus. Vertrauen in

die Fähigkeit unseres Körpers, mit einer Krankheit fertig zu werden, ist ganz entscheidend ...
Krankheit im psychischen oder physischen Stadium ist Störung der Biophotonenfelder und macht sich zunächst auf der Ebene dieser Felder bemerkbar.“

Wolfgang: „Deshalb beginnt jede Krankheit lange bevor wir ihre Symptome wahrnehmen und fassbare organische Schäden feststellen. Störungen im Denken und in der Psyche setzen sich über Veränderungen in der Bioenergetik in physischen Defekten fort. Eine Regulation auf der bioenergetischen Ebene kann solche Krankheiten verhindern bzw. heilen.

Denke ich an unsere Bluthochdruck-Patienten, die wir zum überwiegenden Teil spirituell-energetisch heilen konnten, so wird eben auf diesem Gebiet der Psycho-Neuro-Immunologie der Einfluss des Geistes und der Gefühle auf das Immunsystem angesprochen. Studien weisen darauf hin, dass bestimmte Zellen des Immunsystems durch Depression und Stress angegriffen werden. Nicht umsonst kann die Medizin bei 90 Prozent aller Bluthochdruck-Erkrankungen keinen organischen Grund angeben. Eine ursächliche Rolle spielen hier sicher psychische Reize, u. a. Stress oder alte Blockierungen aus der Vergangenheit. Es wird deutlich, wie Gefühle oder Gedanken zu somatischen Krankheiten führen. Wir haben ein psycho-physiologisches Zusammenspiel in uns. Und während starke negative Gefühle, feindliche oder ängstliche Gedanken durch Hormonausschüttungen Veränderungen und Krankheiten in uns bewirken können, so gilt natürlich umgekehrt, dass positive Gefühle, wie Liebe, Mitgefühl, Glaube, Hoffnung, Dankbarkeit und Demut wohltuend auf unsere Gesundheit einwirken. Und hier mögen wir uns daran erinnern, dass es unserem Geist möglich ist, seine Informationen auf andere Organismen, also auf andere Menschen, zu übertragen."

Erwin: „Lass mich noch etwas Konkretes zu der Arbeit von Fritz-Albert Popp sagen. Was sehr sensible Menschen seit langer Zeit als Aura wahrgenommen haben, konnte er mit Hilfe von Restlichtverstärkern auf einem Bildschirm für alle sichtbar machen. Er zeigte auch, dass die Hand eines jeden Menschen ein schwaches Leuchten aussendet. Bei Tests in Popps Institut schaffte es die bekannte Heilerin Rosalyn Bruyere ihre Biophotonenausstrahlung um ein Vielfaches über das Normalniveau hinaus zu steigern. Sie veränderte allein durch geistige Konzentration die Aura ihrer Hände."

Wolfgang: „Menschen, die in der Lage sind, die Aura von Lebewesen, vor allem von Menschen, zu sehen, gelten als hoch sensitiv. Aber wir lesen bei dem Physiker Dr. W. Ludwig (‚Informative Medizin'), dass normale Menschen 10 Photonen benötigen, um einen Lichtreiz wahrzunehmen. Sensible Menschen können schon 3 Photonen als Lichtreiz wahrnehmen; sie werden aurasichtig genannt. Das ans Dunkel adaptierte Auge des Menschen erkennt erst ca. 100 Photonen. Das Katzenauge dagegen kann einzelne Photonen erkennen, das heißt, dass bereits 1 Photon ausreicht, um von der Katze als Lichtreiz wahrgenommen zu werden. Es ist also tatsächlich so, dass Wahrnehmbarkeit der Aura eine besonders konstruierte Netzhaut (Retina) voraussetzt.

Die Aura lässt sich seit langem durch unterschiedliche Hilfsmittel sichtbar machen und darstellen, wobei am bekanntesten die Kirlian-Photographie ist. Sehr gute Bilder mit einer unmittelbaren Analyse des Energiestatus eines Menschen und mit der Möglichkeit einer direkten Umsetzung in diagnostische Aussagemöglichkeiten bietet die GdV-Kamera des Petersburger Physikprofessors Korotkov. Die Einsetzbarkeit seiner Kameras reicht von differenzierten Aussagen über die energetische Situation des Patienten bis hin zur prognostischen Einschätzung und Langzeitplanung einer speziellen Begabung in sportlichen Disziplinen.

Meist geht man heute von sieben Energiekörpern oder Auraschichten aus. Die erste Schicht wird als ätherische Aura bezeichnet. Sie hat meist die Farbe Blau-grau und umgibt den Körper einige Zentimeter.
Die zweite oder nächst kleinere Schicht ist der Emotionalkörper. Er kann sich in seinen Umrissen sehr schnell verändern. Körpertherapien wirken zunächst und vor allem auf diese Schicht ein.
Die dritte Schicht ist die mentale Ebene, die wohl die Struktur unserer Ideen enthält.
Die vierte Schicht wird als Astralkörper bezeichnet. Dieser Astralkörper kann sich bei außerkörperlichen Erfahrungen vom physischen Körper trennen.
Schließlich haben wir noch drei kausale Körper, die in Beziehung zu den spirituellen Ebenen unserer Gesamtpersönlichkeit stehen.

Nun treten Disharmonie oder Krankheit zuerst im energetischen oder feinstofflichen Bereich auf, bevor sie sich körperlich manifestieren. Laut Hendrik Treugut geben Tumore vor dem klinischen Manifestwerden spezielle Strahlen ab.

Lucius Werthmüller sagte in einem ‚Ausblick‘ auf die mögliche Entwicklung der heute noch ungeklärten Energiephänomene:

‚Energie ist heute hauptsächlich ein physikalischer Begriff. Die zunehmende Erforschung bioenergetischer und paraphysikalischer Phänomene kann dazu beitragen, dass er eines Tages auch ein biologischer, ein psychologischer und ein spiritueller Begriff sein wird, und so könnte sich in einer Wissenschaft der Zukunft ein erweiterter Energiebegriff etablieren als entscheidende Nahtstelle von Physik und Metaphysik, Physik und Parapsychologie und von Natur- und Geisteswissenschaften.‘

Ich bin der Meinung, dass wir diesen Zukunftsperspektiven von Lucius Werthmüller schon ein gutes Stück näher gekommen sind.

Basel – oder: Energie und Information

Alljährlich gegen Ende November beherbergt das Basler Kongresszentrum die „Basler PSI-Tage“ – Internationaler Kongress für Grenzgebiete der Wissenschaft. Im Rahmen der „22. Basler PSI-Tage“ findet 2004 der 7. Weltkongress für Geistiges Heilen statt, diesmal mit den Themenschwerpunkten „Fernwirkung – Hilfen aus der Geistigen Welt – Geistiges Heilen als Seelsorge“.

Freitag, 26.11.2004, Saal „San Francisco“.
Auf der höher gelegenen Tribüne steht ein langer, schmaler Tisch mit fünf Stühlen, fünf Wassergläsern, fünf Flaschen Mineralwasser (medium); für die Referenten fünf Tischmikrophone und daneben ein Rednerpult. Es moderiert Dr. Harald Wiesendanger. Die Themen der fünf Kurzvorträge (maximal 20 Minuten) lauten:

1. Fernheilung in der Praxis –
   Warum Geistiges Heilen keine Distanz kennt
2. Die Marburger Fern-Reiki-Studie und der aktuelle Forschungsstand
3. Diagnose in die Zukunft – Ein Live-Experiment zur Präkognition
4. Der Geist, der Körper und Seele heilt –
   Von Quanten, Neurobiologie und der Liebe Gottes
5. Warum Heilung multidimensional sein muss

Ich bin 15 Minuten zu früh an meinem Platz. Ich sitze gern in einem noch relativ leeren Hörsaal, in dem ich wenig später einen Vortrag zu halten habe. Ich nehme die Atmosphäre des Saales in mich auf und, wenn die Zuhörer den Saal nach und nach füllen, auch die Atmosphäre unter den Zuhörern. Noch

bin ich der einzige Referent, der schon eingetroffen ist, bis auf den Moderator Dr. Wiesendanger. Rechts von mir ist laut Namensschild Privatdozent Dr. med. Hendrik Treugut platziert. Nach weiteren fünf Minuten taucht er auf und nimmt neben mir Platz. Statt uns vorzustellen, schauen wir diskret auf unsere Namensschilder. Ich habe Dr. Treugut vor einem Jahr in Basel kurz kennen gelernt, auf dem Bahnhof, unmittelbar vor unserer Abreise von den PSI-Tagen. Wir benutzten verschiedene Züge, und so sprachen wir nur kurz miteinander. Ich muss gestehen, ich weiß also jetzt nicht mehr genau, was Dr. Treugut beruflich macht.
„Was versteht man unter Multidimensionalität beim Heilen?“, taste ich mich heran.
Er antwortet mir relativ kurz, und ich frage ihn, ob er Wissenschaftler sei oder Arzt.
Sein Ehrgeiz bestünde darin, beides zu sein, sagt Dr. Treugut. Er sei Radiologe, fügt er hinzu, und er gehöre der DGEIM an.
„Wer oder was ist DGEIM?“, frage ich.
„DGEIM ist die ‚Deutsche Gesellschaft für Energetische und Informationsmedizin‘.“
Unsere kurze Unterhaltung beendet Dr. Wiesendanger mit einer originellen Einleitung. Seine Einleitungen sind eigentlich in der Regel originell. Er trägt kurz aus seinem neuen Buch vor („Wie Jesus heilen“). In der Einleitung verlegt er die Wunderheilungen Jesu Christi an den Bodensee und in die heutige Zeit: Jesus als frech-asoziale Erscheinung. Ungepflegt, ohne festen Wohnsitz, zieht er mit den so genannten Jüngern, die äußerlich ebenso wenig Vertrauen erweckend sind wie ihr Meister, unrasiert, mit abgetragenen Kleidern, von Ort zu Ort. Und viele Geschichten des Neuen Testamentes, in denen Jesus heilt oder Dämonen austreibt, finden an verschiedenen Orten am Bodensee erneut statt. Typisch für H. Wiesendanger. Man weiß, im Inneren lächelt er, äußerlich ist er nüchtern bis

distanziert. Dasselbe empfinde ich, wenn ich eine seiner E-Mails lese, die ja manchmal über den rein beruflichen Kontakt etwas hinausgehen. Im Frühjahr 2004 erhielt ich eine E-Mail von ihm, durchaus sachlich und doch wie immer verbindlich. Nach einer TV-Talk-Show, bei der ich mich zu meiner Auffassung zum Geistigen Heilen ausführlich äußern konnte, schrieb er mir: „Sie sind auf dem besten Wege, zum Vorreiter für eine spirituell-energetische Komponente unserer etablierten Therapiesysteme in Deutschland zu werden.“ Von H. Wiesendanger fasste ich das als Kompliment auf, denn er ist mit solchen Äußerungen sehr zurückhaltend. Er hat zwanzig Bücher zum Geistigen Heilen geschrieben oder herausgegeben; alle sind sehr gut beim Publikum angekommen, allen voran „Das große Buch vom Geistigen Heilen“.

Nun ist der erste Referent ans Mikrofon getreten, Ottmar Jenner aus Hamburg. Er legt dar, warum Geistiges Heilen keine Distanz hat. Dr. Wiesendanger schaut auf seine Uhr. In 90 Minuten fünf Kurzvorträge laufen zu lassen, ist eine Leistung in Disziplin, heißt Schritte zu suchen, die keinem Referenten auf die Füße treten, wobei dies oft zu einer Idealkonkurrenz im Sinne des antiken Dramas führt: Wie immer ich mich auch entscheide, so kann eine missliche Situation nicht ausbleiben als Folge meiner Entscheidung.

Eben betreffen also Wiesendangers Entscheidungen die Redezeit. Gibt er einem Referenten fünf Minuten mehr, so muss er das beim nächsten einsparen und landet nach drei bis vier solcher Manöver mit dem Ende der Podiumsdiskussion mit Sicherheit am Ende der kurzen Pause vor der nächsten Veranstaltung im Saal ‚San Francisco‘.

Als schließlich ich gesprochen habe, schreitet Dr. Treugut zum Rednerpult. Unter der Überschrift „Warum Heilung multidimensional sein muss“ spricht er über Steuerungsebenen im menschlichen Organismus und darüber hinaus über Felder und Matrizen, über einen gangbaren Weg für eine energetische Präventivmedizin. Heilen taugt also nicht nur zum Beseitigen von Symptomen. Die letzten zehn Minuten seines Vortrages versäume ich. Ich werde ins „Forum" gebeten, zur Leitung eines Diskussionskreises zum Thema „Geistiges Heilen – Konzept zwischen Naturwissenschaft und Glauben". Ein kurzer Vortrag meinerseits, etwa 20 Minuten, dann folgt eine sehr lebhafte Diskussion. Die Zuhörer sind stark interessiert. Das „Forum" ist eine feste Einrichtung der Basler PSI-Tage geworden. Es stellt ein Rahmenprogramm dar. (Zitat aus dem Programmheft: „Mit namhaften Ärzten, Therapeuten und Wissenschaftlern einmal unter vier Augen reden können, Fragen stellen, Anliegen vortragen, um Rat und Hilfe bitten, heilerische Fähigkeiten testen und ihre Anwendung unmittelbar erleben.")

Ich kann mir gut denken, das Konzept stammt von Harald Wiesendanger, der als Publizist, Philosoph und Psychologe zum PSI-Tage-Team gehört. Er hat sich in den letzten 10 – 12 Jahren um das Heilen in Deutschland mehr verdient gemacht als jeder sonst; er hat wesentlich dazu beigetragen, dass die ganz alte und doch ganz moderne, gerade jetzt zeitgemäße Therapiemethode wieder ins Bewusstsein der Öffentlichkeit gerückt ist.

Ich will wissen, was Dr. Treugut im Einzelnen macht. Ein Radiologe und Energiemediziner, Informationsmediziner – das muss eine fruchtbare Kombination mehrerer Schwerpunkte in einer Person ergeben – Naturwissenschaftler und in der Krankenhaushierarchie Leiter einer Klinik ... mehr weiß ich nicht.

Abends in meinem Hotelzimmer gehe ich ins Internet zu einem Informationsbesuch bei der DGEIM. Mein Laptop stellt den Kontakt her und ich finde, wonach ich suche:

„Treugut, Hendrik, Priv.-Doz., Dr. med. habil., Facharzt für Radiologie, Studium der Medizin, Tätigkeit in verschiedenen kommunalen Kliniken in Deutschland und den USA, Tätigkeit an den Universitäten Tübingen und Lund (Schweden).
Habilitation, Mitglied des Lehrkörpers der medizinischen Fakultät der Universität Ulm.
Chefarzt der Zentralen Radiologischen Abteilung des Klinikums Schwäbisch Gmünd. Seit langem Beschäftigung mit Komplementärmedizin, Publikationen und Vorträge über komplementärmedizinische Diagnoseverfahren und medizinische Grenzbereiche. Mitglied diverser wissenschaftlicher Gesellschaften und des Wissenschaftlichen Beirates medizinischer Publikationsorgane.
Seit 1999 Gründer und Vorsitzender der Deutschen Gesellschaft für Energetische und Informationsmedizin e. V. (DGEIM) in Stuttgart, Organisation und Durchführung von Symposien in Zusammenarbeit mit Universitäten.

Morgen muss ich ihn hier in Basel finden.

Am Sonntagmorgen wache ich früh auf. Nach dem Hotelfrühstück schlendere ich durchs Foyer des Kongresszentrums, das um diese Zeit noch fast menschenleer ist. Nur an einem Tisch ganz in der hinteren Ecke des Cafés sitzen zwei ältere Damen, die mich jetzt aufmerksam beobachten. Dann kommt jemand von der Rolltreppe auf mich zu, Dr. Treugut. Wir begrüßen uns und stimmen nach kurzem Erfahrungsaustausch darin überein, dass man gut noch eine Stunde hätte schlafen können. Wir suchen uns einen Stehtisch aus. „Ich hole mir einen Kaffee. Darf ich Ihnen einen mitbringen?“
„Oh ja, sehr gern“, sage ich.

Dr. Treugut kommt zurück und balanciert zwei Tassen dampfenden Kaffee. Er stellt eine der Tassen vor mir ab, mit der zweiten macht er es sich gemütlich, sofern sich das bei einem Stehtisch verwirklichen lässt.
„So“, sagt er, „und jetzt möchte ich Sie fragen, ob Sie mit dem Du einverstanden sind. Wir duzen ja uns doch eigentlich alle hier.“
„Fein, ich heiße Wolfgang“, antworte ich und halte ihm meine Hand hin. „Und ich bin Hendrik“, erklärt er und reicht mir seinerseits die Hand. Er lächelt sehr offen. Das tut er nicht oft, wie ich inzwischen weiß, aber sein Gesicht vermittelt auch so ausgeprägte Freundlichkeit, Interesse an seinem Gegenüber bzw. daran, was ich sage, aber auch eine gewisse Zurückhaltung, weil ihm zu viel Kontakt etwas lästig werden könnte.
Und dann steht eine Frau bei uns. Wir hatten beide in eine andere Richtung geschaut, so dass wir sie nicht kommen sahen. Sie ist gut 60 Jahre alt, weißes Haar, Unterarmgehstütze links, einwandfrei gekleidet.
„Wie schön, dass ich Sie hier zusammen treffe. Ich habe vorgestern ihre Vorträge gehört. Sie müssen wissen, ich bin jedes Jahr hier, der Besuch des Kongresses hilft mir immer sehr bei meinen Beschwerden, so dass ich mein Knie – sehen Sie, dieses ist es, das rechte Knie – bis zu den nächsten PSI-Tagen wieder recht gut belasten kann. Die rechte Hüfte und mein Rücken schmerzen ja auch, aber wissen Sie, wenn ich zwei Tage hier durchgegangen bin und zugehört habe, ist auch das viel besser. Diesmal habe ich eine alte Freundin mitgebracht. Sie arbeitet als Heilerin in Israel.“
Sie winkt nach hinten ins Café, und dort sitzt die zweite Ausgabe einer Frau, die einen eigentlich gern aufessen würde. Wie Inkakönige, die die Herzen ihrer Feinde aßen, in der Hoffnung, deren Mut gehe auf sie über, so handhaben die

beiden es mit der Heilkraft. Die Dame an unserem Tisch erzählt inzwischen von den Hüftgelenken ihrer Muter, die ja leider viel zu früh gestorben sei, aber wohl eher nicht an ihren Hüftgelenken. Ich hole jetzt etwas tiefer Luft als sonst im gesprächhaften Zuhören und Ratgeben.
„Sehr verehrte gnädige Frau, das mit ihrer Frau Mutter tut uns wirklich überaus leid. Ich würde ihr helfen, wenn ich es könnte, aber da sie bereits 15 Jahre tot ist, haben wir, glaube ich, nur sehr spärliche Chancen auf Erfolg unserer heilenden Bemühungen. Was meinen Kollegen Dr. Treugut anbelangt, so war er seit kurzem und in Ermangelung anderer Termine – wissen Sie, wir sind wirklich stark gefordert das Jahr über – in der Lage, sich hier mit mir zu treffen. Wir haben eine gute halbe Stunde, in der wir die Informationen tauschen, die sich in einem Jahr bei uns für den jeweils anderen angesammelt haben. Bitte lassen Sie uns diese Zeit; Sie können uns gerne heute Nachmittag sprechen."
Oh ja, natürlich habe sie Verständnis dafür. Es gehe ihr jetzt nach diesem kurzen Gespräch auch deutlich besser. „Sie braucht täglich ein Wunder", kommt mir in den Sinn.

„Also, was macht ihr in eurer DGEIM, der Gesellschaft für Energetische und Informationsmedizin? Könntest du mir kurz dazu etwas sagen?"

„Gern", meint Hendrik, „Willst du Mitglied bei uns werden? Wir würden uns sehr freuen, es wäre eine Ehre für uns. Also, wir befassen uns in erster Linie mit energetischer und mit Informationsmedizin. Es ist mehr als interessant. Wir haben profilierte Mitglieder, meist wirkliche Größen ihres Fachs. Und ebenso stellen sich bei unseren gesellschaftsinternen Symposien und Kongressen hervorragende Referenten ein. Wir finanzieren uns im Wesentlichen selbst. Aufbauend auf unserer

Erkenntnis, dass eine Krankheit schon v o r ihrem klinischen Manifestwerden Veränderungen erzeugt, arbeiten wir gerade an einem Diagnosegerät, das bei Tumoren eine spezielle Strahlung (wir wissen, welche Strahlung) nachweist, und das schon lange vor dem Auftreten entsprechender Symptome.
Nun bezeichnet ‚energy medicine' eine Gruppe von medizinischen Verfahren, die Energiefelder in Diagnose und Therapie verwenden. Meist handelt es sich um elektromagnetische, aber auch um elektrische und magnetische Felder, Schallwellen, mechanische Vibrationen oder Lichtwellen. Mittlerweile besteht auch Einigkeit darüber, den wissenschaftlich noch wenig erforschten Bereich der Skalarwellen und sogar der Informationsfelder mit einzubeziehen. Russland, das eine längere Tradition in diesem Bereich vorweisen kann, verwendet den Begriff ‚bioenergetische Medizin', während in den USA seit den 80er Jahren von ‚energy medicine' und auch ‚information medicine' gesprochen wird. Insbesondere der Energiebegriff scheint unzureichend und erfasst nicht den Feldaspekt des Organismus. Denn es handelt sich hier weniger um eine Energieübertragung als eine Auslösung oder Triggerung von Prozessen durch Informationsübertragung, wobei ich Marco Bischof zitiere.
Ein weiteres Charakteristikum ist die Durchführung vorzugsweise von Systemanalysen anstelle von Organanalysen und physikalisch-biophysikalischen Messverfahren anstelle von chemisch-pharmakologischen, somit jeweils der übergeordneten Steuerungsebene und beides ergänzend zur modernen klinischen Medizin."
Ich bedanke mich für die kurze, aussagekräftige Darstellung.

Von der Organisationsanalyse zur Systemanalyse ... das erinnert mich an ein Refresher-Wochenende über die Grundlagen der „Traditionellen Chinesischen Medizin

(TCM)“, das ich vor sieben Jahren besuchte. Bilder von diesem Wochenende tauchen vor meinem geistigen Auge auf und Worte, Sinngehalte aus meiner Akupunkturausbildung. Bereits in der Steinzeit benutzten Menschen Steinnadeln zu Heilzwecken, sagte uns unsere charmante Seminarleiterin aus Sri Lanka. Das erste bekannte medizinische Buch („Innerer Klassiker des Gelben Fürsten“) entstand zwischen 500 und 300 vor Christus. Und zu den fünf Elementen oder Wandlungsphasen, die eigentlich auch als Steuerungsebenen aufzufassen sind (Holz, Feuer, Erde, Metall, Wasser), erfuhren wir:

Die ‚Theorie der Fünf Elemente‘ erklärt grundlegend die Beziehungen der gegenseitigen Erzeugung und Unterdrückung sowie der gegenseitigen Übertreibung und Überwindung der Unterdrückung der jeweiligen Elemente. In dieser Wechselwirkung der fünf Elemente besteht die Rangordnung darin, dass Holz Erde unterdrückt, Erde Wasser unterdrückt, Wasser Feuer unterdrückt, Feuer Metall unterdrückt und Metall das Holz unterdrückt. Dabei hat jedes Element seine Entsprechung in speziellen Bereichen. So steht Feuer in seiner Organentsprechung für das Herz und den Dünndarm, für das Sinnesorgan Zunge, für die Gewebsart Gefäße, für das Gefühl Freude, für die Jahreszeit Sommer, für den Umweltfaktor Hitze, für die Entwicklungsphase Wachstum, für die Farbe Rot, den Geschmack Bitter und die Himmelsrichtung Süd. Außerdem nimmt jedes Element sowohl die Position des Unterdrückens als auch die des Unterdrücktwerdens ein; es kann die Position des Erzeugers als auch des Erzeugtwerdens haben. Eine andere Wechselwirkung besteht darin, dass die Krankheit die Erkrankung eines anderen Organs nach sich zieht, das heißt, die Krankheit kann sich ausweiten oder in eine andere Krankheit umwandeln. Die fünf Wandlungsphasen repräsentieren zwei Arten von Naturanschauung im alten

China. Sie umfassen, ebenso wie die Theorie von Yin und Yang, frühe Konzepte von Materialismus und Dialektik und spiegeln im hohen Masse das objektive Gesetz aller Dinge wieder. In der klinischen Anwendung dieser Systeme (Yin und Yang und Wandlungsphasen oder Elementenlehre) sind sie miteinander verknüpft und ergänzen sich gegenseitig.

Schon während meiner Ausbildung in Akupunktur sprach mich die funktionelle Betrachtungsweise des Organismus, seiner Krankheiten und seiner Heilungsmöglichkeiten sehr an.

Wenn wir uns das System unserer Facharztaufteilung ansehen, so können wir sagen, dass es für fast jedes menschliche Organ einen Spezialisten gibt und manchmal hat man den Eindruck, dieser schaut durchaus nicht über die Grenzen seines Systems hinweg. Ein aufschlussreiches und anschauliches Beispiel erlebte ich als junger Mediziner in der Facharztausbildung zum Orthopäden. Mein Chefarzt wies mich an, einen Patienten, dem er am Vortage ein künstliches Hüftgelenk eingesetzt hatte, die Problematik seiner Herz-Kreislauf-Funktion zu erklären, die dem Anästhesisten bei der Operation einige Probleme bereitet hatte. Ich sagte daraufhin: „Herr Professor, der Patient hat mich schon danach gefragt; er wollte sein letztes EKG erläutert haben."

„Und was haben Sie ihm gesagt?", fragte mein Chefarzt mit einem leichten Grinsen zurück.

„Dass ich von den Einzelheiten einer EKG-Interpretation als Orthopäde wenig Ahnung habe."

Daraufhin meinte mein Professor: „So dürfen Sie das nicht ausdrücken. Sagen Sie statt ‚Ich habe keine Ahnung' besser ‚Dafür bin ich kein Spezialist.'" Dass ich als Orthopäde im zweiten Jahr der Facharztausbildung vom EKG wenig Ahnung hatte – seit dem Staatsexamen war einige Zeit vergangen – hielt ich damals für völlig normal. Dabei stand ich absolut in der Situation des westlich ausgebildeten Arztes, der nicht leicht

über die Organgrenzen hinwegsieht. Als angehenden Orthopäden interessierten mich viel mehr und nahezu ausschließlich die Krankheiten am Binde- und Stützgewebe des Menschen.
Als ich dann das funktionelle Arbeiten und die grundlegenden Anschauungen der TCM kennen lernte, fiel es mir wie Schuppen von den Augen, dass hier eine viel umfassendere Betrachtungsweise unter Einbeziehung der energetischen Disposition oder deren Störung angewendet wurde. Und damit war ich wieder bei meinem Gesprächspartner hier im Foyer des Basler Kongresszentrums in einem noch nahezu leeren Stehrestaurant, sonntagmorgens früh gegen 9.00 Uhr. Ich besann mich auf Hendriks Satz: „Ein weiteres Charakteristikum ist die Durchführung vorzugsweise von Systemanalysen anstelle von Organanalysen und von physikalisch-biophysikalischen Messverfahren anstelle von chemisch-pharmakologischen, somit der übergeordneten Steuerungsebene und beides komplementär zur modernen klinischen Medizin.“
„Was sind denn die Regulationsebenen oder Ebenen der biologischen Funktion?“, wollte ich wissen.
„Nun“, erwiderte Hendrik, „sie ergeben sich aus einem energiemedizinischen Modell des menschlichen Organismus und beinhalten eine mehrstufige Hierarchie zwischen den festen Körpern auf der einen und dem Bewusstsein auf der anderen Seite, wie es Marco Bischof in seinem letzten Buch definiert hat.

Es sind:

1. die physiologisch-biochemische Regulation (das Säure-Basen-Gleichgewicht, die bioelektronische Regulation usw.),
2. die ganzheitlichen Regulationssysteme des Organismus (Nervensystem, hormonelle Regulation, Immunsystem, Grundregulation des Bindegewebssystems usw.),
3. die Regulationsebenen der elektromagnetischen Felder (Biophotonen), wie man die ‚bioenergetische Ebene' nennen könnte,
4. die ‚Bioinformationsebene' der ‚subtile energies' (Potentiale, Skalarwellen usw.),
5. die transpersonale Ebene der impliziten Ordnung und des vereinigten Feldes der modernen Physik.

Die beiden letzten Ebenen gehören zum Vakuumbereich, also zum subatomaren Bereich."

Und dann sagte Hendrik einen Satz, der typisch war für seine exakte und elegante Art, auch komplizierte Dinge und Begriffe an ihren Platz zu rücken: „Über die technischen Mittel der energetischen Medizin, hier vor allem über die Energiefelder, ist sowohl ein diagnostischer als auch ein therapeutischer Zugriff auf die Steuerungsebenen 1 – 3 möglich, während die Ebenen 4 und 5 der Informationsmedizin vorbehalten bleiben."
Ich fragte mich jetzt halblaut, was ich bisher von „Feldern" gehört hatte.
„Hast du einmal erlebt, wie sich Eisenspäne auf einem Blatt Papier ordnen, unter das du einen Magneten hältst?", fragte Hendrik, „Was du dann siehst, ist sozusagen Bestandteil eines Magnetfeldes, wenn du ein einfaches Beispiel möchtest."
„Ich kenne es aus dem Physikunterricht. Kennst du denn das Buch ‚Die Seele ist ein Feld' von Matthew Fox und Rupert Sheldrake? Fox ist Theologe, Sheldrake Philosoph und

Biologe. Sheldrake hat durch seine Formulierung der morphogenetischen Felder einen hohen Bekanntheitsgrad erlangt. Beide Autoren folgen in ihren Büchern der Vision einer neuen Kosmologie, die Naturwissenschaft, Spiritualität und den Sinn für das Heilige zusammen bringt. Sie zeigen, dass Spiritualität unerwartet konkret und anschaulich sein kann im Licht wissenschaftlicher Fakten und Erkenntnisse. Die beiden Autoren führen aus, die Natur bestehe aus Energie, die jede Form annehmen könne, und aus Feldern, die formgebende Prinzipien in allen Bereichen der Natur sind. Sheldrake überträgt dies auf die Grundlagen der christlichen Tradition; dort sei das Energieprinzip der Geist – der ja immer als Bewegung, als Wechsel dargestellt werde, als der wehende Wind, der Atem, das Feuer, der fliegende Vogel – und das Feld sei das formgebende Prinzip, der Logos. Wenn wir uns daran halten, dann wirkt der Geist energetisch, und der Logos, der Plan der Schöpfung, wirkt aufgrund von Information. Und das könnte den Rückschluss nahe legen, dass ein Heiler, wenn er sich mit dem Logos und mit dem Geist in Resonanz befindet, mit der Energie des Geistes und der Information des Logos die Software eines Patienten zu ändern vermag, dass er z. B. das Chaos eines von einem Tumor betroffenen Organs in die Verhältnisse eines gesunden Organismus zurückholen kann. Dann ist die Arbeit eines Heilers nicht mehr unheimlich und lässt ihn als einen Menschen mit von Gott verliehenen Zauberkräften erscheinen, sondern er ist der, der Spiritualität, Dankbarkeit, Verzeihen, Demut und Liebe in sich vereint und weitergibt. Seine subtilen Arbeitsmedien sind Bioenergie und Bioinformation auf der Grundlage der modernen Physik im Kontext tiefer Spiritualität im Sinne von Fox und Sheldrake. Denn das sagt uns ja die Quantenphysik nun auch: Das Bewusstsein steuert die Materie. Ein Gedanke kann eine Funktion außerhalb unseres Körpers steuern; und nach Einstein

ist das, was wir als Materie zu sehen glauben, ‚eine hohe Konzentration von Energie auf relativ kleinem Raum', ein Bereich, in dem das Feld extrem stark ist und eine Schnittstelle bildet zwischen Feld und Materie, wobei das Feld die einzige Wirklichkeit ist. Und ein Feld können wir mit unseren Gedanken, mit unserer Beobachtung gestalten. Einstein: ‚Wenn eine Maus das Weltall anschaut, ändert das den Zustand des Weltalls.'
Wie zur Erläuterung dieser Ansicht lesen wir bei dem Physiker W. Ludwig, der im Jahr 2004 verstorben ist (‚Informative Medizin'): Die Quantenphysik habe bewiesen, dass Schwingungsquanten, insbesondere Photonen, der Materie übergeordnet seien und diese steuern würden. Carlo Rubia (Nobelpreis für Physik 1984) übersetzt das für den arglosen Leser so: ‚Wir betrachten gewöhnlich nur die Materie, weil wir sie sehen und anfassen können. Viel wichtiger jedoch sind die Wechselwirkungsquanten (insbesondere Photonen), welche die Materie zusammenhalten und deren Struktur bestimmen.' Erinnerst du dich, Hendrik? Der göttliche Logos, die Vernunft, der Schöpfungsplan bestimmen die Form und die Gestalt seiner Schöpfung. Die dazu notwendige Information wirkt an der Schnittstelle von Geist und Materie, dort, wo auch eine Emotion zum Molekül werden kann. Hierzu ein kleines Beispiel: Ich stehe unmittelbar vor einem Verkehrsunfall. Ein Wagen kommt mir auf meiner Seite der lang gezogenen, flachen Kurve entgegen. Dann wird ja oft jede Zeitbeziehung für einen Augenblick aufgehoben. Plötzlich ist die Angst da, mein Puls geht blitzschnell von 64 auf 100 Schläge pro Minute, mein Blutdruck steigt, meine Hände werden feucht. Eine ungeheure Stresssituation für meinen Organismus. Ich weiche dem entgegenkommenden Wagen nach links aus, er rammt mich auf der Beifahrerseite im hinteren Teil des Wagens. Die Sensation aber ist: Die Emotion Angst hat zur

Adrenalinausschüttung geführt und das Hormon Adrenalin hat die entsprechenden Reaktionssysteme in mir auf Angstreaktion gestellt. Wie die Angst entstand, ist keine Frage. Wieso Adrenalin zum Alarmzustand des Kreislaufsystems führt, ist auch klar und lässt sich sozusagen im Tierversuch nachvollziehen. Ein einziger Schritt, nämlich der von der Emotion zum Molekül, ist noch nicht ganz geklärt. Kann er durch etwas anderes angestoßen werden als über einen entsprechenden Informationsimpuls?
In einer wissenschaftlich brandaktuell gestalteten Zeitschrift findet sich im Oktober 2003 eine Arbeit zum Nachweis der Hirnfunktionen bei der Verwendung eines Placebos (einer Tablette oder Spritze ohne eigentliche Wirksubstanz). Die wirkliche Übersetzung von Placebo lautet: ‚Ich werde gefallen'. Man hat oft den spirituell-energetischen Heilweisen den Vorwurf gemacht, sie würden nur mit Placeboeffekten arbeiten und wirksam werden. Angenommen, bei 90 % aller mit Geistigem Heilen therapierten Patienten treffe das Placebo-Argument zu, also die Wirkung des Geistigen Heilens beruhe ja nur auf Einbildung des Patienten – wäre dies ebenfalls eine Wirkung, nur ohne Wirkstoff und ohne Nebenwirkung und dennoch zu Besserung oder Heilung führend. Was wäre denn gegen eine solche Therapie einzuwenden? Mit Sicherheit würde schlagartig eine immense Kostendämpfung einsetzen und außerdem käme es zu einer hochdramatischen Reduzierung von Arbeitsmöglichkeiten von Ärzten, Psychotherapeuten, klinischen Psychologen, Heilpraktikern und medizinischen Assistenzberufen wie Schwestern, Pflegern, Masseuren, Krankengymnasten und Logopäden. Aber die Wirkung geistiger Heilweisen lässt sich ja inzwischen viel weitergehender nachweisen. Deshalb noch einmal zu der Arbeit zum Nachweis der Hirnfunktionen bei Verwendung eines Placebos: Hier zeigen neurobiologische Untersuchungen,

dass Hoffnung und Vorstellungskraft messbar den Organismus beeinflussen können. Und sie zeigen uns den Weg der visuellen Wahrnehmung, beispielsweise eines Medikamentes oder die Wirkung einer Scheinoperation des Kniegelenkes bei Arthrose. Die Patienten wurden in den OP geschoben, erhielten aber nur einige oberflächliche Schnitte ins Knie (als ‚Ersatz' für die Operationswunde). Den Patienten wurden also Äußerlichkeiten einer wirklichen Behandlung vorgespielt und die Ergebnisse waren verblüffend. Was kommt anderes in Frage als ein Prozess der Bioinformation? Die Neurobiologen nennen uns mehrere Areale im Gehirn als Stationen des von außen kommenden Nervenimpulses. Auf diesen Nervenimpuls reagiert schließlich der Hypothalamus mit einer Hormonausschüttung, die sich in der Nebenniere auswirkt, welche Cortisol, Noradrenalin und Adrenalin ausschüttet. Diese Hormone steuern jetzt die Aktivität von Immunzellen und sorgen für andere adäquate Reaktionen im Organismus. Ähnlich genau ist der Weg des Schmerzes darstellbar geworden zwischen der bewussten Schmerzempfindung einerseits und der Stimulation schmerzhemmender Nervenbahnen andererseits. Der Autor fasst die Ergebnisse der aktuellen neurobiologischen Forschung so zusammen:
‚Die akademische Medizin versteht Krankheit als Folge von Defekten im Leib, die es zu beheben gilt. Das Empfinden des Patienten kommt in dieser Auffassung nicht vor, doch die Neurobiologie hat in den letzten Jahren überzeugend gezeigt, dass Körper und Geist überhaupt nicht voneinander zu trennen sind ... Es wird sichtbar, warum das Konzept einer rein naturwissenschaftlichen Medizin nicht aufgehen kann, und damit müssen wir ganz neu mit der Erkenntnis arbeiten, dass Medizin nicht nur eine Wissenschaft vom Heilen, sondern auch eine Heilkunst ist.'"

Das Foyer im Kongresszentrum zu Basel hat sich langsam gefüllt. Kongressbesucher trinken an Stehtischen um uns herum ihren Kaffee. Inzwischen haben wir auch vier weitere Angriffe abgewehrt von Besuchern, die nur „ganz kurz eine Frage“ stellen wollten und nun darüber enttäuscht sind, dass es im Augenblick nicht geht. Die Aufgabe einer Argumentation für unsere nicht vorhandene Gesprächsmöglichkeit mit ihnen („außerhalb der Sprechstunde“) haben wir abwechselnd übernommen.
Und jetzt sehe ich, dass uns die Zeit davongelaufen ist. Es ist 10.30 Uhr, wir haben uns also für zwei Stunden „festgeredet“. Hendrik und ich verabreden uns noch für den frühen Nachmittag; leider haben wir aber aus Zeitgründen nicht mehr zueinander gefunden.

Am nächsten Tag ruft Hendrik an. Ich freue mich und sage: „Hallo Hendrik. Ich bin der DGEIM noch nicht beigetreten. Aber schließlich kenne ich dich und deine Gesellschaft auch erst seit 36 Stunden.“ Wir plaudern einige Minuten, dann erlebe ich ein echtes Beispiel für Informationsmedizin.
Hendrik: „Ach so, den eigentlichen Anlass meines Anrufes darf ich nicht vergessen. Ich wollte dir sagen: Du bist ein großartiger Mensch.“
„Danke, das bist du auch. Aber ist das jetzt Energie- oder Informationsübertragung?“, frage ich den Vorsitzenden der entsprechenden Gesellschaft.
„Ich glaube beides“, erwidert Hendrik, „Oder es war keins von beiden, dann war es einfach die unreflektierte Mitteilung einer nüchternen Erkenntnis.“
„Dann also bis bald Hendrik, hoffentlich nicht erst bis Basel. Und Gott segne deine Straßen!“

SCHULBETRIEB / DAS SEMINAR

Die Frage, was gute, weniger gute oder überwiegend erfolglose Heiler, was Könner oder Möchtegerne sind, die Frage ist für den Außenstehenden sicher zunächst einmal nicht leicht zu beantworten. Die Güte von Heilern scheint vor allem mit drei Faktoren zusammen zu hängen: der Ausstattung mit dem göttlichen Geschenk, mit nämlich der Gabe zu heilen, mit dem Charakter der Heilers und mit seiner Ausbildung, wobei über den letzten Punkt auf breiter Ebene Uneinigkeit herrscht. Bei einem Blick auf die Ausbildungssysteme muss einen hier und da die Angst befallen, welche Lerninhalte da wohl vermittelt werden und wie viel „Heilen“ man lernen kann. Ein besonders aussagefähiges Beispiel hierzu ist die in Deutschland übliche Ausbildung in Reiki, der fernöstlichen Heilweise der „allumfassenden, alles durchdringenden Lebenskraft“. So berichtet H. Wiesendanger: „Anfang der 80er Jahre gab es in Europa nur eine einzige Reiki-Meisterin. Die erste in Deutschland, Brigitte Müller aus Frankfurt, wurde 1983 von Phyllis Furumonto geweiht. Inzwischen kursieren in der Esoterikszene Empfehlungslisten, in die sich bereits über 350 deutsche Reiki-Meister eingeschrieben haben; ihre Gesamtzahl wird auf das Sechs- bis Siebenfache geschätzt. Allein bei der Kölner Psychotherapeutin und Reiki-Meisterin [...] haben rund 1.000 Schüler den dreitägigen Grundkurs zu 300,- DM absolviert. Falls andere Meister ähnlichen pädagogischen Eifer entwickeln, dürfte die Zahl der praktizierenden Reiki-Anhänger in Deutschland schon bald die Millionengrenze überschreiten. Mit steigender Zahl von ‚Eingeweihten‘ ging ein rapider Qualitätsverlust in Ausbildung und Therapie einher.“

Kann jeder Mensch „geistig“ heilen, ist Heilen erlernbar? Auch hierzu sei H. Wiesendanger zitiert: „Geistiges Heilen setzt Einfühlungsvermögen, Mitgefühl, Liebe und eine Fülle weiterer sozialer und charakterlicher Fähigkeiten voraus, die ein Mensch zweifellos schulen kann, sofern er noch nicht ausreichend darüber verfügt. Soweit Geistiges Heilen darüber hinaus aber den Zugang zu einer unergründeten Form von Energie einschließt, bezweifle ich stark, dass es durch Vorbilder, Unterricht und Übung jedem so zu vermitteln ist wie das Beherrschen einer Fremdsprache oder eines Musikinstrumentes. Dagegen spricht zum einen die enttäuschend niedrige Quote von wirklich fähigen Heilern, die aus der wachsenden Zahl von Trainingskursen, Intensiv-Seminaren und Wochenend-Workshops aus dem Esoterikmarkt hervorgehen. Zum anderen fand die Mehrzahl der fähigsten Geistheiler keineswegs dank irgendwelcher Ausbildungen zu ihrer Berufung. Entweder brach ihr Talent schon in der Kindheit hervor oder es entwickelte sich spontan auf ein einschneidendes persönliches Erlebnis hin, sei es auf dem Höhepunkt einer schweren Erkrankung ... einem beinahe tödlichen Unfall ... oder nach rätselhafter Bewusstlosigkeit ... auf dem Höhepunkt schwerer persönlicher Krisen und Schicksalsschläge ... durch ein ‚Erleuchtungserlebnis‘ in Form einer Vision oder einer inneren Stimme. Geistige Heilkräfte, vor allem in ihrer ausgeprägtesten Form, scheinen selten zu jenen Vermögen zu zählen, die durch besondere Anstrengung und geduldiges Lernen zu erwerben sind. Öfter fallen sie ihren Besitzern wie aus heiterem Himmel zu.“
Je nach der durchlaufenen „Ausbildung“ werden auch Prädikate und Titel verliehen. So können Heiler unter anderem „zugelassen“, „anerkannt“, „geprüft“ und „zertifiziert“ sein, je nach Ausbildungsstätte, die Seminar- oder Kursprogramme anbietet.

Ich denke hier an meine Akupunktur-Ausbildung. Ich sah, dass ab den späten 80er Jahren zunehmend Schnellausbildungs-Programme in Akupunktur angeboten wurden. Aber von Akupunktur hatte ich ein Bild, das sich mit solchen Crash-Methoden nicht vereinbaren ließ. Ich kannte einige gute Akupunkteure, die ihre Ausbildung in China oder Vietnam gemacht hatten, und das hielt ich denn auch für angebracht und einer so alten Heilmethode für würdig. Dann beobachtete ich in den nächsten Jahren, dass um mich herum akupunktierende Arztkollegen aus dem Boden zu sprießen schienen, und das schließlich veranlasste mich, bei einer traditionsreichen deutschen Akupunkturgesellschaft eine Ausbildung zu absolvieren, die sich insgesamt über etliche Wochenenden im Lauf von anderthalb Jahren hinzog.
Nun hat man bei der Akupunktur als Arbeitsinstrumente Nadeln zur Verfügung – immerhin konkreter strukturiert als feinstoffliche Energien. Liest man aber Ausbildungsangebote für Geistiges Heilen, so glaubt man, der Umgang mit dem subtilen Medium Energie sei ebenso erlernbar wie das Setzen der „goldenen Nadeln".

Es gibt so etwas wie einen ungeschriebenen Kodex, um ein „Mann" zu werden. Ein Mann, heißt es, müsse einen Sohn gezeugt, ein Haus gebaut und einen Baum gepflanzt haben. So lässt sich auch sagen, und ich glaube, es ist dem obigen Schema nachempfunden, was einen Heiler ausmacht (Achtung: Ironie!!): Er muss den Titel einer in der Szene bekannten Ausbildungsstätte vorweisen können, er muss eine Heilerpraxis betreiben, er muss im Fernsehen gewesen sein, er muss ein Buch geschrieben haben und er muss Seminare anbieten. Und, um ganz sicher zu gehen, den neuen Maßstäben zu entsprechen, muss er eine Zweitpraxis in Kalifornien oder mindestens in Südspanien besitzen.

Was von alldem konnten die großen Heiler der Vergangenheit anbieten?
Betrachtet man ihr Wirken, so kommen Begriffe ins Spiel wie Bescheidenheit, Demut, Dankbarkeit, Verzeihen, Mitleiden, Nächstenliebe und Können.
Wir können es auch esoterischer haben. In der Esoterikszene macht es sich durchaus gut, einmal in Atlantis gelebt zu haben, oder, entsprechend dem Rolls-Royce unter den Abstammungsländern, von Sirius zu kommen.

Ich möchte hier etwas von meinen persönlichen Rastermerkmalen erwähnen: Ich bin in Hennef an der Sieg in der Nähe von Bonn geboren worden, gegen Ende des 2. Weltkrieges. Ich bin in Bonn aufgewachsen. Ich habe keine Elite-Universität besucht, um Medizin zu studieren. Ich habe promoviert über ein Thema aus der Immunpathologie. Meine Facharztausbildung hatte ich nicht in den USA. Dass Menschen „etwas spürten“, wenn ich ihnen die Hände auflegte, geschah erstmals 24 Jahre nach meiner Approbation zum Arzt und nach Durchmachen einer recht schweren Krankheit, von der mich, äußerlich gesehen, zwei Heiler geheilt hatten, die ich jeweils aus reiner Verzweiflung aufsuchte, noch kaum wissend, was ein Heiler ist. Von heilender Zuwendung und Demut hat mir das Leben etwas beigebracht durch mein persönliches Schicksal und durch den roten Faden meiner Berufsausübung, nämlich Menschen zu helfen.

Und irgendwann wurde ich von Patienten, die mich als Arzt und Heiler aufgesucht und kennen gelernt hatten, gefragt, ob man denn auch Kurse bei mir machen könnte.
„Kurse bietet jeder an“, sagte ich, „Gehen Sie ins Internet, da finden Sie reichlich Heiler, die Ihnen etwas beibringen wollen.“

„Aber das ist nicht das, was Sie einem beibringen können."
„Haben Sie's versucht?", fragte ich.
Inzwischen kamen so viele Leute, die mich nicht nur als Arzt, sondern auch als Heiler aufsuchten, dass ich für Wochenend-Seminare gar keine Zeit mehr gehabt hätte; nicht nur wegen der Wochenenden, nicht nur um mich „auch mal zu erholen", wozu ich schon damals kaum Zeit fand, sondern auch wegen der erforderlichen Organisation, der Vorbereitung und all diesen Dingen, die ein Seminar mit sich gebracht hätte (obwohl mir 12-Stunden-Tage und gelegentliche Nachtarbeit nicht so fremd waren). Aber als dann Teresa, die Heilerin, in meinem Team auftauchte, da erschien auch das gelegentliche Halten von Seminaren plötzlich möglich, zumal wir über das, was wir vermitteln wollten, fast unabgesprochen einer Meinung waren.
Und so planten wir unser erstes Seminar. Es sollte sich über fünf Monate bei einem Wochenende pro Monat hinziehen. Es sollte uns und die Teilnehmer „heiler" machen, nicht „zu Heilern" machen. Das, so meinten wir, könnte nur Gott, der es dem Einzelnen ohnehin in die Wiege oder in die Hände gelegt hätte.
So entstand also das Programm für unser erstes „Grundseminar Geistiges Heilen". Es ist im Folgenden wiedergegeben:

****

GRUNDSEMINAR „GEISTIGES HEILEN"

Wir leben in einer Zeit mit hohen beruflichen und persönlichen Anforderungen.
Wir leiden nur zu oft unter Stress, Sorgen, Lebensängsten, Krankheiten, Unsicherheiten und Einsamkeit. Zahlreiche Außeneinflüsse fordern uns Energie ab.

Das angebotene Seminar soll Hilfestellung geben, an Körper und Seele zu heilen, zu uns selbst und zu unseren göttlichen Wurzeln zu finden und dabei auch anderen zu helfen.
Dadurch können wir die Qualität unseres eigenen Lebens erhöhen und Missstände in uns und im eigenen Umfeld erkennen und auflösen.
So greifen wir auf Kraftquellen zurück, die in uns selbst liegen und die wieder vermehrt spürbar, erlebbar und anwendbar werden.

1. Wochenende

- Theoretische Konzepte der Energiesysteme
- Informationsmedizin
- Grundlagen der Anatomie und Physiologie des Menschen
- Was macht einen „Heiler" aus (persönliche Voraussetzung)?
- Aufbau eines energetischen Feldes
- Weiterleiten von Energie
- Erspüren von Energie
- Kurzer theoretischer Abriss über die Geschichte der energetischen (besser: „geistigen") Heilweisen
- Entstehung von Blockaden
- Was geschieht während des Geistigen Heilens?
- Im Überblick: Die Chakren – System, Aufbau, Bedeutung

2. Wochenende

- Chakrendiagnostik und Chakrentherapie
- Esoterische Tradition; funktionelle Erläuterung des Chakrensystems

- Praktische Anwendung für Diagnose, Therapie und Heilung

3. Wochenende

- Analyse und Diagnose „energetischer Blockaden“, mit gegenseitigen Übungen
- „Loslassen“
- Rückblick und neue Wahrnehmungen
- Gegenseitiges Diagnostizieren und Therapieren
- Bedeutung der eigenen Empfindung bei der geistigen Heilarbeit

4. Wochenende

- Geistiges Heilen vom psychologischen Ansatz aus
- Praktische Heilübungen ganztägig

5. Wochenende

- Wiederholung theoretischer Seminarinhalte
- Gegenseitiges Heilen und Besprechung der Wahrnehmungen
- Gegenseitiges Heilen
- Heilmeditationen und Gebete

Zu Beginn eines jeden Seminartages finden geführte Meditationen statt, am Schluss eine Heilbehandlung mit Dr. Wolfgang Bittscheidt und Teresa Schuhl.

****

Und dies geben wir unseren Seminarteilnehmern mit auf den Weg:
Echte Heiler und Medien haben nicht selten einen strengeren, anspruchsvolleren Weg zu gehen als der Durchschnittsmensch. Ich persönlich kenne kein einziges Medium und keinen *einzigen* guten Heiler, der, bevor er seine mediale Tätigkeit begann, nicht zunächst heftig „unten durch" musste, wie man sagt. Denn, wie ich bereits erwähnte:

Wer andere Menschen ehren und achten will, wer andere heilen will, der muss zuerst selber fähig sein zu lernen und zu folgen, selbst erst mal heiler werden.
Wer andere Menschen wieder in ihre Mitte bringen möchte, der muss zuerst selber in seiner Mitte sein. Und wer anderen Menschen sagt, wie sie leben sollten, der muss seine Ideale zuerst auch selber vorleben.
Ansonsten wird seine Therapie keinen längerfristigen Erfolg, keine Heilung bringen können.

Eine Mutter brachte ihren einzigen Sohn zu einem weisen Mann.
„Bitte, mein Herr", sagte sie, „Sage meinem Sohn, er soll aufhören, Zucker zu essen."
Der Weise besann sich und sagte: „Gute Frau, komm in zwei Wochen wieder mit deinem Sohn."
Verwirrt bedankte sich die Frau und sagte, sie würde tun wie ihr geheißen. Nach zwei Wochen kam sie wieder mit ihrem Sohn.
Der weise Mann schaute dem Kleinen fest in die Augen und sagte: „Hör auf, Zucker zu essen."
Dankbar, aber ziemlich verwundert, fragte die Frau den weisen Mann: „Warum sollte ich zwei Wochen warten? Damals hättest du ihm dasselbe sagen können."

„Vor zwei Wochen“, antwortete der Weise, „habe ich selber noch Zucker gegessen.“

PATIENTENBERICHTE II

Bevor ich zu weiteren Fallbeispielen aus meiner Praxis komme, möchte ich Ihnen unkommentiert zwei alte, aus China überlieferte Geschichten erzählen:

Glück oder Unglück

Ein alter Mann und sein Sohn bestellten gemeinsam ihren kleinen Hof. Sie hatten nur ein Pferd, das den Pflug zog.
Eines Tages lief das Pferd fort.
„Wie schrecklich", sagten die Nachbarn, „Welch ein Unglück!"
„Wer weiß", erwiderte der alte Bauer, „ob Glück oder Unglück?"
Eine Woche später kehrte das Pferd aus den Bergen zurück. Es brachte fünf wilde Pferde mit in den Stall.
„Wie wunderbar", sagten die Nachbarn, „Welch ein Glück!"
„Glück oder Unglück? Wer weiß ...", sagte der Alte.
Am nächsten Morgen wollte der Sohn eines der wilden Pferde zureiten.
Er stürzte und brach sich ein Bein.
„Wie schrecklich. Welch ein Unglück!" ...
Glück oder Unglück?
Die Soldaten kamen ins Dorf und holten alle jungen Männer in den Krieg. Den Sohn des Bauern konnten sie nicht brauchen, darum blieb er als Einziger verschont.
Glück oder Unglück?

* * *

Um Neues zu lernen, müssen wir erst das Alte loslassen

Ein Professor wanderte weit in die Berge, um einen berühmten Zen-Mönch zu besuchen. Als der Professor ihn gefunden hatte, stellte er sich höflich vor, nannte seinen Namen und alle seine akademischen Titel und bat um Belehrung.
„Möchten Sie Tee?“, fragte der Mönch. „Ja, gern“, sagte der Professor.
Der alte Mönch schenkte Tee ein. Die Tasse war voll, aber der Mönch schenkte weiter ein, bis der Tee überfloss und über den Tisch auf den Boden tropfte.
„Genug!“, rief der Professor, „Sehen Sie nicht, dass die Tasse schon voll ist? Es geht nichts mehr hinein.“
Der Mönch antwortete: „Genau wie die Tasse sind auch Sie voll von ihrem Wissen und ihren Vorurteilen.
Um Neues zu lernen, müssen Sie erst ihren Geist leeren.“

* * *

Im Februar 2004 suchte mich eine Patientin auf, die schon nach der ersten Behandlung angab, sich deutlich besser zu fühlen; sie hat dann im Laufe der nächsten Monate buchstäblich ihre Kinder und Kindeskinder zu mir geschickt, an allen gab es ihrer Meinung nach etwas zu heilen. Ich möchte nun berichten, welcher Brief von dieser Patientin mich im September desselben Jahres erreichte:

„Im Januar 2004 sah ich Sie, Herr Dr. Bittscheidt, in der Sendung ‚Sanfte Medizin‘, in der es um Heiler oder Geistheiler ging. Nach meinem Gefühl glaubte ich, ich möchte mich Ihnen anvertrauen, Sie könnten mir helfen. Zu meiner Überraschung praktizierten Sie auch ganz in meiner Nähe.

Am 19. Februar hatte ich dann endlich den ersten Termin. Über meine Röntgenaufnahmen, die Sie sorgfältig betrachteten, kamen wir ins Gespräch.
Schon im Alter von 15 Jahren war der Hüftkopf aus der Pfanne meines rechten Hüftgelenkes geglitten, die Ärzte sprachen von luxiert. Die Situation wurde operativ versorgt. Es folgten noch mehrere Operationen in längeren Abständen. 1994 wurde mir dann auf dieser rechten Seite ein neues Hüftgelenk eingesetzt, eine Totalendoprothese – es war an der rechten Hüfte die sechste Operation. Zunächst waren die schlimmsten Schmerzen behoben. Dank meiner sehr tüchtigen Krankengymnastin, die mich intensiv nach Voyta behandelte, konnte ich mich schlecht und recht bewegen und meinen zwölfstündigen Arbeitstag hinter mich bringen. Dann aber fing auch die linke Hüfte an, mich sehr zu quälen. Der Orthopäde gab mir den dringenden Rat, mich auch für die linke Hüfte zur Operation anzumelden. Dagegen wehrte sich mein Gefühl, denn ich hatte die Sorge, danach noch schlechter laufen zu können. Jedes Gelenk, jeder Wirbel peinigte mich inzwischen. Ich erlernte die Dorn-Methode, eine spezielle Art der Wirbelsäulengymnastik, die mich dann auf den Beinen hielt.
Dann kam es noch schlimmer: die Beine kribbelten hinauf bis zu den Hüften. Mein unterer Rücken, von der Taille an abwärts, war so schmerzhaft, dass ich mich kaum hinsetzen und wieder aufstehen konnte. Ich sollte zwar Rheuma-Mittel nehmen, diese lehnte ich aber aus Angst vor einem Magengeschwür ab.

Schon nach meiner ersten Behandlung in Ihrer Praxis merkte ich auf der Liege eine gründliche, sehr positive Entspannung, die sich über die ganze folgende Woche hin weiter positiv bemerkbar machte. Schmerzen hatte ich nur an wenigen Tagen. Die zweite Behandlung, drei Wochen später, löste mir meine

seit Jahren bestehenden Wirbelgelenksblockierungen, die oft im Rücken und bis zur Vorderseite des Körpers einen dolchartigen Schmerz verursachten, der nicht durch chiropraktische Maßnahmen und auch nicht von der Dorn-Therapie gelöst werden konnte.
Beim dritten Termin hatte ich endlich das Gefühl, meine Rücken- und Bauchmuskeln würden wieder kräftiger. Sie, Herr Doktor, erklärten das so, dass durch das Aufheben der Blockierungen auch die Muskulatur wieder freier arbeiten könne. Das Kribbeln in meinen Beinen war schließlich nur noch in den Füßen zu spüren. Auch konnte ich inzwischen viel besser sitzen und wieder aufstehen. Im Mai, bei der vierten Behandlung, spürte ich, dass sich eine depressive Verstimmung, die mich seit langem stark beeinträchtigt hatte, zu lösen begann.
Ich möchte Ihnen hiermit herzlich für Ihre Bemühungen danken und habe Ihnen diesen Brief geschrieben, falls Sie ihn einmal als ‚Fallbericht' verwerten möchten."

Die Fernsehsendung, von der die Patientin sprach, war eine Talkshow aus der Reihe „Sanfte Medizin" des Fernsehpfarrers Jürgen Fliege. Seit zehn Jahren und etwa zwei- bis dreimal im Monat informiert er seine Zuschauer über alternative Heilmethoden, von deren positivem Wirken sich die Mitglieder seines Teams zuvor gründlich informiert haben. Von seinem Chefredakteur Walter Ohler habe ich im Kapitel „Medien" ausführlicher berichtet. Ich finde, dass die Arbeit, die Jürgen Fliege macht, eine absolut praktikable Möglichkeit darstellt Nächstenliebe zu leben.

Am 30. September 2004 kam eine junge Frau im Alter von 23 Jahren in Begleitung ihrer Mutter in meine Praxis. Ein Jahr zuvor, so berichtete sie, sei bei ihr eine MS (Multiple Sklerose)

diagnostiziert worden. Sie habe damals lediglich ein Kribbeln in ihrer linken Körperhälfte mit Ausstrahlung in das linke Bein gespürt. Sie habe keine aktuellen Beschwerden, würde sich aber gerne behandeln lassen, um ein Fortschreiten der Krankheit nach Möglichkeit zu verhindern.
Auf die bereits geschilderte Art und Weise unseres Arbeitens führten Teresa und ich mit der jungen Frau, ich nenne sie Christine, eine Heilmeditation durch und wiederholten dies zwei Wochen später. Wenige Tage vor Weihnachten kam die Mutter von Christine überglücklich in die Praxis. Sie berichtete, Christine habe sich einer routinemäßigen neurologischen Untersuchung unterzogen. Der Neurologe habe keine Anzeichen mehr für das Vorliegen einer Multiplen Sklerose gefunden, habe dieses Untersuchungsergebnis aber kernspintomographisch absichern lassen. Der Radiologe habe daraufhin eindeutig festgestellt, dass im Bereich des Rückenmarkes keinerlei kernspintomographisch erkennbaren Anzeichen für das weitere Bestehen einer MS nachweisbar seien. Das Glück der jungen Frau und auch ihrer Mutter hat unser ganzes Praxisteam absolut nachfühlen können.

Ich möchte an dieser Stelle nicht unerwähnt lassen, dass auch schon MS-Patienten in meiner Praxis waren, denen ich nicht helfen konnte.

Im letzten Frühjahr suchte mich ein Ehepaar aus dem Oberallgäu auf. Der Mann hatte in den Jahren zuvor vergeblich versucht, einen Arzt oder eine Klinik zu finden, die ihm bei einer fortschreitenden Lungenfibrose helfen konnte (Lungenfibrose = langsame Umwandlung des Organgewebes der Lunge in nicht-atmungsfähiges Bindegewebe). Ich habe ihn zweimal behandelt, es kam dadurch zu einer Erleichterung seiner Atembeschwerden.

Nach der ersten Behandlung – es war an einem Samstagnachmittag, das Wartezimmer war noch voller Patienten – fragte das Ehepaar, ob sie mich auch bitten dürften, etwas für ihren jüngsten Sohn zu tun. Er sei 14 Jahre alt und leide seit zehn Monaten unter Krämpfen, deren Ursache man bisher in keiner Spezialklinik habe finden können. Sie seien mit dem Jungen bereits in Ravensburg, in Stuttgart und in München vorstellig geworden. Aber nicht mal eine Diagnose habe man ihnen nennen können. Die Frage war nun, ob ich mich im Sinne einer „Fernheilung" um den Jungen kümmern könne.
Dass man Patienten über jede beliebige Entfernung heilen oder zumindest ihre Krankheit lindern kann, ist für mich sicher. Aber der Ausdruck „Fernheilung" ist meines Erachtens irreführend, wie ich anfangs schon erläutert habe. Manchmal werde ich in einem Gespräch gefragt, ob ich auch Fernheilungen mache. Ich frage dann: „Was verstehen Sie denn unter Fernheilung?" Manche Leute antworten dann sinngemäß, dass ein Heiler seine heilende Wirkung innerhalb seiner Praxis zur Geltung bringe, sei ja irgendwo noch plausibel; aber dass dies auch über die Ferne gehe, nein, dafür fehle ihnen doch jedes Verständnis.

Doch wenn wir die biophysikalischen Grundlagen, hier vor allem aus dem Bereich der Quantenphysik, in Betracht ziehen, so ist es völlig gleich, über welche Entfernung ich mich meinem Patienten zuwende. Denn Heilung findet in einem Bereich statt, im Quantenbereich nämlich, wo ich nicht mehr an die Grenzen von Raum oder Zeit gebunden bin. Also spielt natürlich auch die Entfernung, die ein Patient von mir entfernt ist, keine Rolle, wenn man von der Wirkung des „Ritus" beim Heilen einmal absieht.

Die Eltern fragten mich also, ob ich im Sinne der Fernheilung für ihren Jungen etwas tun könne. Ich sagte ihnen, ich würde an ihn denken.

Ich muss zu meiner Schande gestehen, dass ich spätestens eine halbe Stunde nach diesem kurzen Gespräch in Anbetracht des Betriebes in der Praxis, der vielen Leute und der Anforderung an meine Konzentration, das kurze Gespräch mit den Eltern über ihren krampfenden Sohn vergessen hatte. Drei Wochen später standen die Eltern vor mir mit einem kleinen Paket, das sie mir im Namen ihres Sohnes und seiner Geschwister überreichten. Sie berichteten, einige Tage nach unserer letzten Begegnung habe der Junge das letzte Mal einen Krampfanfall gehabt, seitdem nie wieder. Die Kinder hätten mir daraufhin etwas gebastelt; das hätten sie mir nun mitgebracht, sie wären mir sehr dankbar für das, was ich für ihren Jungen getan hätte.

Über dieses Ereignis habe ich später oft nachgedacht. Es gibt mehrere Lösungsmöglichkeiten: Die erste Möglichkeit sehe ich darin, dass die Eltern mit großer Hoffnung nach Hause zurückgekehrt sind und sich diese positive Hoffnung auf ihren Sohn übertragen hat. Dadurch wurden die Selbstheilungskräfte des Jungen in Gang gesetzt. Die zweite Möglichkeit ist rein spiritueller Natur, ich halte sie aber für genauso wahrscheinlich wie die erste.
Eigentlich gibt es hier auch kein Entweder-Oder. Es mag sein, dass meine guten Mächte, die mit schützender Hand meine Arbeit begleiten und in deren Auftrag ich heile, mir in diesem Fall die Arbeit abgenommen haben. Manchem mag diese Erklärung als ein Ausdruck kindlichen Glaubens erscheinen, aber wenn ein kindlicher Glaube zur Heilung führt, so kann ich gut damit leben, wenn einer den positiven Ausgang als durch kindlichen Glauben verursacht bezeichnet. Und schließlich gilt

auch hier der Satz, dass der, der heilt, Recht hat. Zumindest wird ihm vom Urteil der Menschen und vom Ausgang der Sache her Recht gegeben.

Im Herbst kamen Eltern mit ihrem damals dreijährigen Sohn Jan zu uns.
Aufgrund eines Geburtstraumas hatte Jan erhebliche Bewegungs- und Koordinationsstörungen; er war sehr wenig kommunikativ und es war ausgesprochen schwer, seine Aufmerksamkeit zu wecken. Als er mit seiner Mutter in unsere Praxis kam, hielt er sich mit beiden Händen an der Hand seiner Mutter fest, trug zwei Beinschienen zur Stabilisierung der Knie- und Sprunggelenke und nahm mit uns keinerlei Kontakt auf. Er konnte nur sehr schwer gehen und ließ sich von uns nicht ansprechen.
Während Teresa versuchte, ein Gespräch mit ihm zu beginnen, legte ich Jan die Hände auf und sprach ein einfaches Gebet.
Beim zweiten Besuch berichtete die Mutter, die Bewegungstherapeutin, die Jan zweimal in der Woche behandle, sei ausgesprochen erstaunt gewesen. Etwas in seinem Bewegungsverhalten habe begonnen, sich zu ändern. Die Spastik sei zurückgegangen. Auch wirke Jan aufgeweckter und mitteilsamer. Bei dieser zweiten Stunde, die wir mit Jan verbrachten, gelang es uns, ein einfaches Gespräch mit ihm zu führen. Er lachte viel, erzählte von zu Hause und bot uns von seinen Gummibärchen an.
Beim dritten Besuch berichtete die Mutter, Jan habe in der Zwischenzeit mehrfach nach Teresa und mir gefragt. Er hätte sich sehr auf den heutigen Tag und unsere Begegnung gefreut. Sein Bewegungsverhalten würde sprunghaft besser. Inzwischen könne Jan gehen, indem er sich nur noch mit einer Hand an seiner Mutter festhalte.

Bei der nächsten Behandlung schließlich erschien Jan ohne Beinschienen. Sein Laufen hatte sich weiter stabilisiert, die Spastik war kaum noch vorhanden. Er wirkte freudig und ein wenig ausgelassen. Er nannte Teresa und mich beim Namen. Und von einer Therapie im medizinischen Sinne konnte eigentlich keine Rede sein. Ich glaube, es ging nur noch um reine Energie- und Informationsmedizin.
Inzwischen ist Jan siebenmal bei uns gewesen. Seine Mutter erzählt, die Krankengymnastin glaube inzwischen an ein Wunder. Sie selbst ist über die Entwicklung ihres kleinen Jungen natürlich hoch beglückt. Eigentlich, so sagte sie, verhalte er sich inzwischen wie ein normales gesundes Kind seines Alters.

Mit allen Anzeichen schwerer Rückenschmerzen und leicht nach vorne gebeugt betritt an einem Vormittag im November Roswitha Schmitz meine Praxis. Als ich in den Behandlungsraum komme, in dem sie inzwischen Platz genommen hat, beginnen wir unser Gespräch, und sie schildert mir die Entwicklung ihrer Erkrankung.
Rückenschmerzen habe sie seit etwa zehn Jahren. Damals habe ein Röntgenbild ergeben, dass der 5. Lendenwirbel um einen Zentimeter in Relation zum Kreuzbein nach vorne verschoben sei. Dadurch sei es zu Zerrungen an den unteren lumbalen Nervenwurzeln gekommen. Natürlich hätte sie in dem Bereich der Lendenwirbelgelenke und am Übergang von der Lendenwirbelsäule zum Kreuzbein einen starken Verschleiß der Wirbelgelenke.
Nachdem sie mehrere Jahre lang nach allen möglichen und bekannten Regeln der Kunst behandelt worden sei, habe man sie nach einer über ein Jahr dauernden Arbeitsunfähigkeitszeit zunächst auf Zeit berentet. Von Beruf sei sie OP-Schwester, und dieser Beruf habe ihr immer sehr viel Spaß gemacht. Nicht

mehr im Krankenhaus und vor allem nicht mehr in einem guten OP-Team arbeiten zu können, bedeute für sie eine schwere Einbuße ihres Lebensinhaltes.
Über die persönlichen Lebenseinschränkungen hinaus gäbe es auch familiäre Probleme insofern, als ihre Familie im Allgäu ansässig sei. Aufgrund ihrer Rückenschmerzen sei es ihr aber nicht möglich, mit Auto oder Zug eine so weite Reise (ca. 600 km) auf sich zu nehmen, dies habe dazu geführt, dass sie ihre Familie seit Jahren nicht mehr gesehen hätte. Das sei eigentlich neben den ständigen Schmerzen das Schlimmste an ihrer Krankheit.
Die Besserung des Beschwerdebildes und der körperlichen Symptome machte bei Frau Schmitz sehr gute Fortschritte. Nach der sechsten Behandlung sagte sie, sie könne jetzt erst in drei Wochen wieder kommen; warum sagte sie nicht. Als sie nach drei Wochen erschien, berichtete sie stolz, sie habe eine Reise ins Allgäu unternommen und sei dort überraschend zu einer Hochzeitsfeier in ihrer Familie aufgetaucht. Anschließend blieb sie noch zwölf Tage im Urlaub und erzählte, sie wäre in dieser Zeit wieder gewandert wie früher.
Frau Schmitz ist an ihre Rentenversicherung herangetreten und hat erreicht, dass sie zunächst nur stundenweise wieder arbeiten darf. Ihr Traum ist natürlich, dass sie bald ihren Beruf als OP-Schwester wieder wird ausüben können.

Ich lernte eine Ärztin für Psychiatrie und Psychotherapie kennen, die sich weitgehend auf energetische Heilweisen, also aufs „Heilen“ spezialisiert hatte. Als ich sie fragte, warum sie diesen Wechsel in ihrer Arbeitsweise vorgenommen habe, sagte sie, das, was sie früher in einem Jahr Psychotherapie erreicht hätte, könne sie heute oft in wenigen Heilmeditationen erreichen. Überhaupt schienen gerade depressive Verstimmungen und tief sitzende Depressionen und

Angstzustände besonders gut aufs Heilen anzusprechen, was ich aus meiner Praxis absolut bestätigen kann. Viele Patienten suchten sie deswegen auf und dass es ständig mehr werden, zeige ihr, dass der überwiegende Teil der Patienten mit dem Behandlungserfolg zufrieden sei.

Meine Praxis suchten ferner zahlreiche Patienten auf wegen Funktionsstörungen der Schilddrüse. In fast allen Fällen kam es zu einer zumindest weitgehenden Normalisierung dieser Funktionsstörungen.
Ich behandelte Patienten auch rein energetisch wegen zu hoher Blutdruckwerte. Bei erheblich über der Hälfte der Patienten konnte eine Normalisierung der Blutdruckwerte erreicht werden.

Viele Patienten haben wir, die uns wegen einer Hepatitis-C-Infektion aufsuchen Das kommt daher, dass ich in einer Fernsehsendung über meine eigene Geschichte berichtete, wie ich nämlich über die Hepatitiserkrankung zum Heilen kam. Es gelingt uns in den meisten dieser Fälle zumindest die relevanten Laborwerte wesentlich zu verbessern und das sehr oft stark beeinträchtigte Allgemeinbefinden der Patienten weitgehend zu normalisieren und ihnen ihre frühere Leistungsfähigkeit und Lebensfreude zurückzugeben

Ganz erstaunlich ist auch der Erfolg, den wir bei der Behandlung von Migränepatienten haben. Die Migräneanfälle ziehen sich zum Teil über mehrere Jahrzehnte hin; die Anfälle wechseln von einmal im Monat bis zwei- bis dreimal in der Woche. Die Menschen, die wegen Migräne meine Hilfe suchen, haben natürlich im Laufe der Jahre jede nur mögliche Therapie ausprobiert und hinter sich gebracht. Was ich hier an Heilungen oder zumindest sehr weitgehenden Besserungen sehe, hätte ich als Schulmediziner nie für möglich gehalten. Natürlich gibt es auch hier Patienten, ich schätze ihre Zahl auf etwa 20 – 25 Prozent aller Migränefälle, denen ich auch mit relativ vielen Behandlungen nicht helfen kann. Aber dennoch dürften meine Ergebnisse besser liegen als die der Schulmedizin.

Neben internistischen Krankheiten, Hautkrankheiten und Augenkrankheiten suchen mich natürlich viele Patienten mit orthopädischen Leiden auf, da sie glauben, dass ich als Orthopäde für die Behandlung dieser Erkrankungen geradezu prädestiniert bin. Ich glaube jedoch, diese Auffassung ist nicht realistisch, stellt doch das Geistige Heilen eine Therapieart dar, die den *ganzen* Menschen bis in die tiefsten Schichten seiner Persönlichkeit hinein erfasst.

Meine Erfolgszahlen liegen im Bereich dessen, was man auch in großen Statistiken über die Heilungschancen der verschiedensten Erkrankungen bei der Anwendung geistiger Heilweisen nachlesen kann. Unbedingt kann man sagen, dass sich die Erfolge Geistigen Heilens zumindest mit den Erfolgen der Schulmedizin messen können. Geistiges Heilen braucht einen Vergleich mit diesen grundsätzlich unterschiedlichen Therapiesystemen nicht zu scheuen.

D DAS MODELL DER LIEBENDEN ZUWENDUNG

„Wenn Sie nicht bereit sind, sich für alles, für wirklich alles, was in Ihrem Leben geschieht verantwortlich zu fühlen, dann werden Sie keine Fortschritte machen.“

(N. N.)

EXPERTENRUNDE – ODER: GRENZÜBERSCHREITUNGEN

Angesetzt ist ein „Expertengespräch" in Frankfurt. Schriftlich vorgefühlt bei mir haben die Herren Jürgensen, Zumwohl und Andreas. Sie vertreten so etwas wie eine große deutsche Verbraucherberatung unter dem Firmennamen „I. S. Responsabile GmbH". Aber offenbar habe ich den Brief nur überflogen. „Was macht denn die Art der von Ihnen gesponserten Medizinprodukte aus?", frage ich bei einem ersten Telefonat, das mich in meinem Sprechzimmer erreicht.
„Wissen Sie", sagt ein Herr, der sich mit Jürgensen vorgestellt hat, „eigentlich vertreten wir keine Produkte, sondern stellen Ideen und Trends in der Medizin vor. Ansprechpartner sind Einzelpersonen und Interessengruppen, die im Sinne des deutschen Medizin-Verbrauchers etwas an den Mann zu bringen haben. Und dann, wenn ich das gleich hinzufügen darf, geht es nicht um Vertretung oder Sponsoring, sondern wir wollen schlicht den Verbraucher im Medizinsystem informieren. Gerade in der medizinischen Versorgung in der Bevölkerung gibt manches offenbar zur Unzufriedenheit Anlass. Natürlich wird immer Neues entwickelt von Forschern und Industrie, aber die Gesellschafter unserer Firma fragen sich, ob nicht traditionsreiche und alte Werte, Therapiemethoden und sanfte, neu entwickelte oder auch überlieferte Konzepte einer ganzheitlichen medizinischen Versorgung in der heutigen Zeit auf der Strecke bleiben."
„Worum geht es Ihnen denn aktuell? Warum rufen Sie gerade mich an?"
„Es geht um geistige Heilweisen. Sehen Sie – ach, Augenblick, darf ich unseren Herrn Zumwohl zuschalten? –", ein kaum hörbares Klick in der Leitung, „wir haben in den letzten Jahren

zunehmend von energetischer Medizin gelesen und gehört. Einen Augenblick, wenn ich kurz unterbreche – Herr Zumwohl, wir haben Herrn Dr. Bittscheidt in der Leitung. Er war uns genannt worden als Arzt und Heiler."

„Grüß Gott, Herr Dr. Bittscheidt. Mein Name ist Walter Zumwohl. Ich komme gleich zu unserem Anliegen – o. k. Herr Jürgensen? Also, von Verbraucherseite werden wir doch immer häufiger angesprochen zwecks Informationen über Wunderheiler. Nun stehen wir vor einer Reihe von Gesprächen, die hier einmal Klarheit schaffen sollen. Was ist Geistiges Heilen, welche therapeutischen Verfahren wendet es an, was ist ein Ansatzpunkt beim Verbraucher, der ja sicher oft auch Patient ist? Und wo ist der Unterschied zum energetischen Heilen? Wie sind die Kontakte zwischen Geistigem Heilen und Schulmedizin, wie stehen unsere großen Kirchen dem Heilen gegenüber? Ein breit gespannter Fächer von Fragen. Und vielleicht könnten Sie uns ein wenig dabei helfen, diese Fragen wenigstens zum Teil zu beantworten."

„Wissen Sie", antworte ich, „mir liegt Geistiges Heilen sehr am Herzen. Einen großen Teil meiner Patienten behandle ich mit diesen ‚Techniken', so will ich es mal nennen."

„Hier ist noch mal Jürgensen, Herr Doktor. Es heißt, es gibt da auch einen spirituellen Aspekt an der Sache. Für diesen würde ich mich aus Gründen meiner beruflichen Vergangenheit sehr interessieren. Wir haben Hinweise dafür, dass Sie auch zu *dieser* Ebene einen deutlichen Zugang haben. Darf ich mal ganz direkt fragen, ob das zutrifft?"

„Das dürfen Sie, Herr Jürgensen. Sehen Sie, für mich ist der historische – und aktuelle – Jesus Christus der größte Wunderheiler, der je gelebt hat. Die Berichte darüber sind zum

Teil schriftlich, zum Teil mündlich überliefert (und wurden dann später niedergeschrieben). Anderseits habe ich aber auch acht Meter von hier ein relativ volles Wartezimmer. Und Sie haben den Plan, mich zu einem Gespräch einzuladen. Deshalb möchte ich die Unterhaltung mit Ihnen und Ihrem Team, die mir recht attraktiv zu werden scheint, auf unser Treffen verlegen, zu dem ich mich hiermit gern bereit erkläre. Wissen Sie schon, wer noch teilnehmen wird?"

„Ein Professor für Innere Medizin, Klinikleiter aus der Schweiz, der in seiner Klinik mit einer Heilerin zusammen arbeitet, steht auf unserer Wunschliste. Ferner eine Heilerin aus dem Saarland, die unkonventionelle Methoden anwendet und sehr erfolgreich arbeiten soll. Und schließlich ein Publizist und Psychologe, der zum Thema Geistiges Heilen an vorderster Front in der Öffentlichkeit steht. Da wir aber auch auf seine feste Zusage noch warten, bitte ich Sie, sich überraschen zu lassen."

„Da brauch ich mich nicht überraschen zu lassen, Herr Jürgensen. Sie denken natürlich an Dr. Wiesendanger."

„Sie sagen es. Und dann hätten wir ein Gesprächsteam zusammen, das Sie anregen würde, Herr Bittscheidt?"

„Oder umgekehrt, Herr Jürgensen."

Jürgensen lacht. Dann sagt er: „Dürfte ich Ihnen unseren Herrn Andreas vorbeischicken, zu einem kurzen Vorgespräch? Er ist Kommunikationsforscher."

„Schicken Sie, Herr Jürgensen. Er soll sich nur nicht zu spät anmelden. Bis später dann. Und auch ein Wiederhören an Sie,

Herr Zumwohl. Muss ich irgendwelche Hausaufgaben machen?“

„Ich denke, Herr Doktor, die haben Sie schon gemacht. Adé und bis bald in Frankfurt.“

An einem Mittwoch im Mai treffe ich gegen 8.30 Uhr auf dem Frankfurter Flughafen ein. Wolkenloser Himmel, strahlende Morgensonne; sicher wird es ein warmer Tag. Ein guter Tag, um über so unendliche Themen wie Energiemedizin, energetisches Heilen, Spiritualität zu sprechen. Nicht, um endlos darüber zu sprechen – mit unendlich meine ich die unendlichen Dimensionen, die sich bei diesen Themen eröffnen.
Ich suche mir den Infoschalter in der Ankunftshalle. Hier soll mich ein Fahrer der I. S. Responsabile GmbH abholen. Am Infoschalter stehen drei Personen. Zwei sprechen mit den Flughafenangestellten hinter dem Schalter; ein etwa 35-jähriger Mann schaut den Fluggästen entgegen, die vom Flugsteig kommen. Ich gehe näher heran – auf dem linken Revers seiner Chauffeursjacke steckt eine kleine gelbe Fliege mit ausgebreiteten Flügeln: das Erkennungszeichen.
Ich lächle ihn an. „Dr. Bittscheidt?“, fragt er. Ich nicke, wir geben uns die Hand. „Schiffer“, sagt er und weist zum nächstgelegenen Ausgang, „Bitte, hier entlang.“
Zwischen den Taxen steht ein schwarzer Passat; der Chauffeur öffnet mir die Tür, steigt selber ein und fädelt den Passat in die Reihe der vorbeifahrenden Wagen ein. Wir reden nicht viel unterwegs. Ich komme aus London von einem Treffen des „Doctor-Healer-Network International“ und bin früh aufgestanden, um früh genug am Londoner Flughafen Heathrow zu sein.

Eine Schnellstraße bringt uns jetzt nach außerhalb der Stadt; eine kurze Ortsdurchfahrt und dann biegt Herr Schiffer in einen Parkweg ein. Nach 200 m hält der Wagen vor einem Herrenhaus, klassizistisch im Stil, aber sicher später gebaut. Schiffer stellt den Passat neben dem Haus ab und bittet mich zum Eingang. Drei Steinstufen führen zum Foyer in eine geräumige Halle. Aus einer der hohen Türen tritt ein dynamischer Herr im hellen Anzug. Er kommt auf mich zu, schaut Herrn Schiffer einen Augenblick leicht fragend an – ich sehe aus dem Augenwinkel: Herr Schiffer deutet ein Nicken an – und der Herr im hellen Anzug und mit offenem Hemdkragen strahlt und reicht mir die Hand: „Walter Zumwohl. Willkommen, Dr. Bittscheidt, in unseren bescheidenen Räumen.“
Ich frage: „Gehört die bescheidene Hütte Ihnen?“
„Nein“, sagt er, „Die I. S. Responsabile hat die unteren Etagen günstig gemietet. Darf ich vorgehen?“ Er geht vor mir in Richtung des Raumes, aus dem er gerade gekommen ist. Ich streife mit meinem Jackettärmel einen Blumenstrauß, der in der Halle auf einem stilvollen Tisch steht – ein prächtiger, bunt gemischter Frühlingsstrauß. Der Raum hinter dieser großen Tür ist offenbar ein Sekretariat. Hinter dem Schreibtisch strahlt uns eine Dame an, ca. 40 Jahre alt, brünett, schlank. Wache Augen, die wohl alles hier unter Kontrolle haben. „Unsere Frau Weinberger“, sagt Herr Zumwohl. „Sie ist für mehr verantwortlich, als ich seit Jahren wahr haben will.“
„Na, bei diesem Firmennamen“, lacht Frau Weinberger.
„Wie heißt denn die Firma?“
„I. S. Responsabile.“, erwidert sie, „Wie am Eingang vermerkt. Italienisch: ‚Io sono responsabile‘, heißt: ‚Ich bin verantwortlich‘, Herr Doktor. Eben unsere Firmendoktrin. Wir fühlen uns der Öffentlichkeit gegenüber verantwortlich. Wir

möchten, dass sie keine aggressive, sondern eine sanfte Medizin in Anspruch nehmen kann."
„Die Einführung machen Sie aber gut", sage ich.
„Sonst macht's Herr Zumwohl, aber manchmal, also an Tagen, an denen er lieber zuhört, überlässt er's mir." Sie schmunzelt.

Ein weiterer Herr betritt jetzt das Sekretariat. Aus dem Raum, aus dem er kommt, klingen gedämpfte Stimmen wie von einem Gespräch. Der Herr geht auf die Sekretärin zu, eilig, sieht mich nicht. „Weinbergerin ...", beginnt er, und in diesem Augeblick sieht er mich. Das bemerkt sofort die Sekretärin. „Herr Dr. Bittscheidt", sagt sie und deutet mit der ausgestreckten Hand auf mich. Und dann, sich zu mir wendend, deutet sie auf den Herrn: „Herr Jürgensen."
„Du liebe Zeit, Dr. Bittscheidt, wie gut, dass Sie's noch geschafft haben. Herzlich willkommen. Lassen Sie mich gleich zur Sache kommen. Frau Weinberger wird Sie danach mit Kaffee versorgen und Essbarem, aber wir haben auf Sie schon gewartet. Also, die Gesprächsteilnehmer sitzen gleich hier nebenan. Herrn Zumwohl, meinen Ghostwriter, kennen Sie ja schon. Das ist jener – er deutet mit dem Daumen scharf nach rechts, in Richtung von Herrn Zumwohl. Dann finden Sie drinnen Herrn Dr. Wiesendanger, Sachverständiger in Hochkarat. Ach so, den werden Sie ja auch schon kennen. Gleich neben ihm wird Claudia Kirsch aus dem Saarland sitzen – in deren Anwesenheit ich mich immer völlig durchschaut fühle. Frau Weinberger", – und er schaut zu ihr herüber, „das meine ich ernst."
Und wieder zu mir gewandt: „Sie ist nämlich so hellsichtig, dass ich mich frage, wie viele dritte Augen ein Mensch eigentlich haben kann. Und in der Reihe – wissen Sie, an unserem Roundtable – folgt nach rechts Professor Rüster, Internist aus der Schweiz, in dessen Klinik eine Heilerin

arbeitet. Dann folgt ein Herr, der mich gebeten hat, Ihnen nicht zu sagen, dass er da ist, es werde eine Überraschung sein. Ich sitze in der Mitte der Reihe, aus Gründen der Kommunikation, und habe Sie zu meiner Rechten. Sie sind, um im Vorstellungsritus zu bleiben, lange Arzt gewesen, bevor Sie zum Geistigen Heilen kamen, und ich leite die I. S. Responsabile. Von Beruf bin ich ein Mensch zwischen Theologie und Medien."

So spricht Herr Jürgensen. Ich habe ihn mir angeschaut, während er spricht. Maximal fünf Jahre jünger als ich. Mittelgroß, kurzes graues Haar. Blauer Anzug, diskret-rosa Hemd. Augen passend zum Anzug. Auf dem Revers, wo andere Herren häufig ein kleines Abzeichen tragen, trägt auch er, wie der Fahrer Herr Schiffer – ach, sehe ich, auch wie Herr Zumwohl – eine kleine gelbe Fliege mit ausgebreiteten Flügeln auf blauem Grund. Aber die Abbildung ist so klein, vielleicht ist es auch eine Libelle.

„Also dann, darf ich bitten?" Er öffnet eine dieser hohen Türen und lässt mich eintreten. Einige der Anwesenden schauen uns entgegen. Das gibt es doch nicht ... da sitzt Erwin. Sie wissen, mein Freund Erwin, der Physiker, den ich zuletzt in Agadir ... ach, das wissen sie ja alles.

Ich lache ihn an. Da nimmt mich Herr Jürgensen leicht am linken Arm und führt mich zum Roundtable, um mich vorzustellen. Ich umgehe Einzelheiten. Zum Schluss gehe ich zu Erwin. Wir umarmen uns. Wieder einer seiner dummen Bemerkungen: „Dein Flieger hat lange gebraucht aus Agadir ..."

„Bestimmt nicht die ganzen Wochen, bis wir uns hier getroffen haben." Dann nehme ich neben Herrn Jürgensen Platz, zu seiner Rechten.

Frau Weinberger tritt ein und mit der gekonnten Routine eines dienstbaren Geistes, der alle möglichen Fäden in der Hand hält, tritt sie hinter die Reihe der Sitzenden und beginnt Kaffee einzuschenken. Mineralwasser, Cola-light – es ist ‚Coca Cola legeré' im Anklang an den Firmennamen in Italienisch –, Apfelsaft und Orangensaft stehen in den üblichen Flaschengruppen in kleinen Portionsabfüllungen auf dem Tisch.

Herr Jürgensen beginnt: „Sehr verehrte Frau Kirsch, meine sehr geehrten Herren, ich begrüße Sie im Namen unserer Gesellschaft zu diesem Gespräch in Frankfurt. Jeder einzelne von Ihnen hat sich damit einverstanden erklärt, dass wir dieses Gespräch aufzeichnen. Bevor wir es für irgendwelche Veröffentlichungen verwenden, bekämen Sie es natürlich noch einmal vorgelegt.
Ich danke Ihnen, dass Sie gekommen sind. Bei den Vorgesprächen haben meine Mitarbeiter und ich erfahren, dass keiner von Ihnen jemand ist, der sich Sorgen machen müsste, wie er seine Zeit zubringt. Umso mehr freue ich mich, dass wir uns an diesem Mittwoch hier treffen können.
Das Vorstellen haben wir schon erledigt. Frau Weinberger wird für unser leibliches Wohl sorgen, so weit es das Essen und Trinken anbelangt, und ich bitte Sie alle, mich nicht als Gesprächsleiter, sondern allenfalls als Moderator zu betrachten.
Sie alle haben aus verschiedenen Schwerpunkten heraus mit dem Themenkreis zu tun, über den wir heute sprechen wollen.
Es geht um die Grundlagen Geistigen Heilens, das in der Öffentlichkeit auch Geistheilen oder neuerdings in entsprechend gut berichtenden Zeitschriften ‚energetisches Heilen' genannt wird.
Man spricht auch vom spirituellen Heilen oder von einer spirituell-energetischen Komponente des alternativen

Therapiesektors. Ich denke, dass uns alle das Anliegen verbindet, den heutigen Menschen Therapiemöglichkeiten zur Verfügung zu stellen, die nicht aggressiv, sondern ganzheitlich und konstruktiv sind. Auch von Ihnen, Herr Professor Pfister" – dabei wendet er sich an Erwin – „darf ich aus unseren Vorgesprächen berichten, dass Sie das Thema natürlich vom Aspekt der modernen Physik her sehen und beurteilen, dass Ihnen aber der menschliche Aspekt an den mit dem energetischen Heilen verbundenen Fragen sehr am Herzen liegt."

„Ich fühle mich dem humanistischen Welt- und Menschenbild verpflichtet, Herr Jürgensen. Ich habe eine gemeinsame Schulbildung mit Wolfgang Bittscheidt, und in diesem Geist sind wir groß geworden."

„Ich danke für den Hinweis, Herr Professor. Diese Tatsache war mir neu, aber ich freue mich." Dann wendet sich Herr Jürgensen wieder an die Runde.

„Wir wollten den Kreis, der heute Morgen hier zusammen sitzt, nicht zu groß werden lassen. Denn nicht nur Zeit, auch Gesprächskapazitäten sind nicht unbegrenzt. So wäre es sicher interessant gewesen, auch einen Philosophen unter uns zu haben, einen weiteren Theologen, einen reinen Vertreter der ärztlichen Standesorganisationen und einen Vertreter der Verbände der gesetzlichen Krankenkassen, diesen vielleicht am besten zusammen mit seinem Chefmathematiker. Aber es ist meiner Ansicht nach schon viel erreicht, wenn wir heute einen Anfang machen. Wir werden in den Presseorganen, die uns als Ansprechpartner zur Verfügung stehen – und das sind eine ganze Menge – diese Ansätze aufbereiten und es sollte Sie nicht wundern, wenn hieraus die Initialzündung für weitere

Diskussionen in der Öffentlichkeit und vor allem unter den Verantwortlichen unseres Gesundheitssystems ausginge.

Herr Dr. Wiesendanger, ich darf mich zunächst an Sie wenden. Wenn man Sie fragt, wie viele Bücher Sie zu der Thematik des Geistigen Heilens schon verfasst haben, dann können Sie (oder möchten Sie) dies noch nicht mal exakt beantworten; so viele sind es. Mit 20 Büchern liege ich sicher nicht wesentlich daneben. Sie haben wie kein anderer die Entwicklung des Geistigen Heilens in den letzten 15 – 20 Jahren in Deutschland verfolgt. Wie sehen Sie heute die Akzeptanz Geistigen Heilens bei den Menschen, die davon Gebrauch machen können? Kehrt langsam ein Verständnis für Geistiges Heilen ein, oder werden Heiler weiterhin als Wundertäter angesehen?"

„Zu diesen grundsätzlichen Fragen gibt es ja heute eine Fülle von statistischen Untersuchungen. Daraus darf ich mal einige Zusammenfassungen herausgreifen. Wenn Sie heute repräsentative Stichproben machen, so antworten auf die Frage:

‚Glauben Sie, dass es Menschen gibt, die Krankheiten heilen können, selbst dann, wenn die Ärzte nicht mehr weiter wissen?',
38 % mit ‚Ja',
32 % mit ‚Möglich',
12 % mit ‚Unwahrscheinlich',
18 % mit ‚Ausgeschlossen'.

Wird gefragt: ‚Würden Sie sich einem medizinischen Laien mit besonderen Heilfähigkeiten anvertrauen, wenn Sie unheilbar erkrankt wären?', so antworten
65 % mit ‚Ja'.

Und auf die Frage: ‚Angenommen, Sie hätten ein chronisches Leiden, gegen das kein Arzt oder Medikament etwas tun kann, würden Sie einen Geistheiler aufsuchen?‘, antworten 54 % mit ‚Ja‘.

Ich möchte mal einleitend Folgendes sagen: Die geistigen Heilweisen sind auf dem Vormarsch. Die Akzeptanz in unserer Bevölkerung wird immer breiter. Dieser Tendenz kommt mit Sicherheit entgegen, dass die Menschen, die sich aktiv den geistig-energetischen Heilweisen zuwenden, mehr und mehr aus der Berufsgruppe der medizinischen Dienstleister kommen. So haben wir schon heute Ärzte und noch häufiger Heilpraktiker, die sich intensiv mit geistigen Heilweisen befassen.
Die zur Zeit noch sehr ablehnende Haltung der Schulmedizin finde ich vor allem auch im Sinne der Patienten enttäuschend. Ich denke aber, dass sich in wenigen Jahren hier eine breite Gesprächsebene aufgetan haben wird, wobei wir dem Trend in den USA folgen würden.
Bedauerlich finde ich auch, dass weite Kreise der großen christlichen Kirchen dem Geistigen Heilen wenn nicht ablehnend, so doch sehr kritisch gegenüber stehen. Ich nehme aber an, dass wir auf die Einsicht und den Einfluss des kritischen Patienten vertrauen können.
Ausdrücklich warnen möchte ich vor Scharlatanen in der Heilerszene. Hierzu und über alle Aspekte Geistigen Heilens existieren heute bereits umfangreiche Patientenratgeber, die jedermann zugänglich sind. Vielleicht darf ich heute an späterer Stelle noch weitere Ausführungen machen.“

„Danke, Herr Dr. Wiesendanger, für diese kurze und prägnante Zusammenfassung. Vielleicht sollten wir so verfahren, dass zunächst jeder von uns einige für ihn besonders wesentliche

Einzelheiten erläutert. Die genauen und sehr speziellen Aspekte können wir dann im weiteren Gespräch vertiefen.

Herr Professor Rüster, ich habe Sie hierher gebeten, weil Sie einer der ersten sind, die im deutschen Sprachraum eine Heilerin sozusagen parallel zu ihrem Ärzte- und Therapeutenteam bei der Versorgung ihrer stationären Patienten mitarbeiten lassen. Was hat Sie dazu bewogen und welche Erfahrungen machen Sie?“

„Ich persönlich bin schon lange von der Effektivität geistiger Heilweisen überzeugt. Ich sehe so viele Patienten, bei denen wir mit dem Latein unserer Schulmedizin wirklich am Ende sind. Und gerade hier sehe ich ein breites Aufgabengebiet der geistigen Heilweisen. Oft können wir nicht sagen, was eigentlich heilt: die Energie, die Biophysik insgesamt, ein religiöser Glaube ... Aber wenn ich als Arzt sehe, was seriöse Geistige Heiler an Erfolgen vorzuweisen haben, dann muss ich mich fragen, ob es nicht längst Zeit ist, das Geistige Heilen viel nachdrücklicher in unser konservatives Therapieangebot zu integrieren. Für das Einstellen einer Heilerin in unser Team hatten wir besonders günstige Voraussetzungen. In unserem Verwaltungsdirektor fand ich hierzu einen sehr offenen und zugänglichen Menschen. Und die Richtigkeit der Entscheidung, diese Heilerin ins Team der Therapeuten aufzunehmen, erweist sich im Nachhinein täglich als goldrichtig. England ist uns in seinem Gesundheitssystem bei den entsprechenden Schritten mutig vorausgegangen. Dort sind Heiler geachtete Leute und viele ärztliche Kollegen aus dem Bereich der Schulmedizin halten sie für wertvolle und unentbehrliche Mitarbeiter.“

„Danke, Herr Prof. Rüster. Dann darf ich mich jetzt an Sie wenden, liebe Frau Kirsch. Sie sind Heilerin. Welche Art von Heilung betreiben Sie?“

Frau Kirsch schätze ich auf 34 Jahre. Sie berichtet nun, wie Sie praktisch schon im Jugendalter Bilder sah, die ihr den Einstieg ins Heilen erleichterten bzw. nahe legten. Sie hat dann später die Fähigkeit, Krankheiten an Menschen zu erkennen, zu ihrem Beruf gemacht. Eine ihrer wesentlichen Therapiemethoden, die sie in Brasilien bei einem international berühmten Lehrer erlernt hat, erstreckt sich auf die Einbeziehung von Verstorbenen in den Klärungs- und Heilungsprozess bei ihren Patienten. Sie berichtet kurz darüber; ich bin fasziniert. Ich muss sie unbedingt später sprechen und nach Einzelheiten fragen.

„Nun sind wir ja schon bei den Teilnehmern unseres Kreises, die aktiv heilend arbeiten. Dr. Bittscheidt, Sie sind Arzt *und* Heiler. Das ist keine alltägliche Kombination.“

„Durchaus nicht“, stimme ich zu und fahre fort: „In den 90er Jahren wurde bei mir eine chronische Krankheit aktiv, die ich mir als junger Arzt zugezogen hatte. Nach einer ein Jahr lang dauernden, zum Teil recht aggressiven Behandlung hatte sich keinerlei Besserung eingestellt und ich stand im Hinblick auf meine Gesundheit und mein weiteres Leben vor einigen sehr ernsten und schwer zu entscheidenden Fragen. Durch Zufälle, wie wir sie wohl alle in unserem Leben einmal kennen lernen, lernte ich zwei tüchtige Heiler kennen. Sie haben mir geholfen. Sie führten mich in die Kunst des Heilens ein, wobei sie und ich feststellen konnten, dass ich für diese Art der Arbeit eine gewisse Begabung mitbrachte.

Wenn ich heute Heilerfolge – zum Teil auch in meiner eigenen Praxis – sehe, so handelt es sich dabei oft um wirkliche Heilungen, die ich früher als Arzt absolut nicht für möglich gehalten hätte. Dabei halte ich es für besonders wertvoll, dass ich die konservative Behandlung in meinem Fach mit alternativen Heilmethoden kombinieren kann, die ich aber nicht nur in meinem speziellen Fachgebiet, sondern auch bei Patienten mit anderen Erkrankungen anwende.
Ich weiß, dass viele meiner ärztlichen Kollegen über meine Arbeit wenig schmeichelhaft denken. Damit kann ich leben. Nach meiner Ansicht heißt es heute, an den Realitäten der Naturwissenschaft vorbeizuschauen, wenn ich nicht akzeptiere, welche fast unglaublich weit reichenden Neuerungen die Naturwissenschaft in den letzten 80 Jahren auch für den Aspekt von Krankheitsverständnis und Therapiemöglichkeiten gebracht hat.
Und schließlich spielt für mich die spirituelle Seite des Menschen eine Rolle. Wir können nicht mehr weiterhin, ohne schweren Schaden zu nehmen, davon ausgehen, dass unser Gesundheitssystem eine Reparaturmaschine ist. Der Mensch ist unendlich viel mehr als seine Zellen und ihr korrektes Funktionieren.
Wir müssen heute wieder Werte aufgreifen wie Liebe, Dankbarkeit, Vergebung und Glauben, um unsere Selbstheilungskräfte nicht zu blockieren, um wirklich den Unterschied zwischen Behandlung und Heilung zu erfahren. Dann wird unsere Anwendungsmedizin endlich wieder zur Zuwendungsmedizin."

„Danke, Dr. Bittscheidt." Und dann wendet sich Jürgensen an Erwin und fragt ihn: „Herr Professor, was sagen Sie zu den Ausführungen Ihres Freundes Wolfgang Bittscheidt?"

„Wissen Sie, Herr Jürgensen, ich bin Quantenphysiker. Die Quantenphysik hat unser ganzes Universum von den Galaxien bis zu jeder einzelnen Zelle in uns auf den Kopf gestellt. Die Trennung zwischen Geist und Materie lässt sich nicht mehr aufrechterhalten. Wir denken in energetischen Feldern, die die gesamte Menschheit miteinander verbinden. Wir wissen, dass wir mit unseren Gedanken auch Vorgänge im Organismus unserer Mitmenschen, also auch im Organismus eines Patienten, beeinflussen können. Und für mich ist das Faszinierendste an allem, dass wir mit unserer Naturwissenschaft an einen Bereich gestoßen sind, wo Wissenschaft und Spiritualität kaum noch gegeneinander abzugrenzen sind. Wir denken in Bereichen jenseits von Raum und Zeit und gerade nach Gesprächen mit Herrn Bittscheidt lässt mich der Gedanke nicht mehr los, dass in diesem Grenzbereich menschlicher Existenz Heilung stattfinden kann. Da ist dann kaum noch Platz für das, was ich jetzt einmal ‚materielle Medizin' nenne. Aber da ist Platz für unendliche Energien, für ein unendliches Informationsmeer, für Verstehen und Liebe."

Jürgensen scheint beeindruckt. Er blickt Erwin ca. 5 Sekunden an, man hätte eine Stecknadel fallen hören. Er greift wie geistesabwesend zu seinem Mineralwasser. Dann schaut er von einem zum anderen und nimmt die Stimmung auf, die sich spätestens bei den Worten von Erwin über uns alle gelegt hat. Es ist wie eine Aufbruchsstimmung, die man zunächst in ihrer Tiefe, wenn sie einen überkommt, noch gar nicht ausloten und definieren kann.

Jürgensen lädt zu einer kurzen Pause ein. Ich gehe hinüber zu Claudia Kirsch. Ich will sie zu einem Artikel überreden. Er soll in meinem Buch erscheinen.

Es wurde ein hoch interessantes Gespräch mit Claudia Kirsch am Rande der Konferenz in Frankfurt. Und hier ist das, was Sie mir zehn Tage später geschickt hat.

EINE TÜR ÖFFNET SICH
von Claudia Kirsch

„So erweist sich die Unwissenheit über den Sinn des Daseins und das Leben nach dem Tode als das schlimmste Hindernis für die Entwicklung des Menschen im Diesseits und im Jenseits, und nichts sollte ihm dabei wichtiger sein, als bei Lebzeiten Wahrheit über die geistige Welt, in die er eintreten wird, zu erlangen."
(Dr. med. Carl Wickland, *„Dreissig Jahre unter den Toten"*, Kalifornien 1924)

... und wenn ich mich zeit meines Lebens darauf programmiert habe, dass der so genannte Tod etwas Endgültiges ist?
Was geschieht mit den „Nicht Wissenden"?
Da es eine höhere Macht gibt und eine Heimat sind wir niemals verloren, weder auf Erden noch in anderen Seinsbereichen.

Wir beantworten die Frage: „Was geschieht mit den Nicht-Wissenden?"
Wenn der Körper eines Menschen stirbt, so bleiben immer noch der Geist und die Seele aus dieser Einheit. Was hat sich nun verändert in genau dieser Situation, welche wir als „Tod" bezeichnen?
Der Körper hat seine Funktion aufgegeben. Die Hülle hat ihren Zustand verändert, sie zerfällt. Geist und Seele bleiben unverändert. All unser Wissen, alle Erfahrungen und Erlebnisse, die wir im Laufe unseres Erdendaseins gemacht haben, bestehen weiterhin – alle Programmierungen die wir vorgenommen haben, Einstellungen, Überzeugungen sind existent. So auch die Überzeugung: „Wenn ich tot bin, bin ich tot. Und dann kommt nichts mehr."

Nehmen wir das Beispiel eines Mannes mit schwerem Asthma, welches sich vor allem nachts immer wieder sehr unangenehm mit starker Atemnot bemerkbar macht. Ein Mensch, der seit ca. 30 Jahren verheiratet ist, dessen Frau pünktlich Abendessen macht, sobald er von der Arbeit nach Hause heimkehrt, ihn umsorgt und immer für ihn da ist. Zweimal in der Woche besucht er seine Stammkneipe, trinkt seine 5 Bier und sonntags ist Skatrunde.
Nun hat der Körper „seinen Geist aufgegeben", er stirbt im Alter von 57 Jahren. Aufgrund seiner lebenslangen Programmierung und Überzeugung ist es diesem Menschen nicht bewusst, dass seine Seele und sein Geist jedoch unverändert sind. Was bedeutet das und wie könnte die Auswirkung im praktischen Fall sein?
Ist es aufgrund unseres jetzigen Wissensstandes nicht nachvollziehbar, dass dieser Mann das Gleiche tut wie bisher? Sein Wochenablauf ist nach wie vor unverändert; er geht zur Arbeit, geht zur Kneipe, will sich umsorgen lassen von seiner Frau.

Wie nimmt sein bisheriges Umfeld die Situation wahr? Die Antwort lautet: Je nach Sensibilität! Wir gehen davon aus, dass seine Frau sehr tief und lange trauert über den Mann, der seit 30 Jahren ihr Ehemann ist und den sie umsorgt.
Was also geschieht bei ihr und mit ihr?
Sie könnte öfters das Gefühl haben, dass der verstorbene Mann „anwesend" ist; sie könnte sein Aftershave „riechen", seine knarrenden Arbeitsschuhe „hören", „fühlen", er stehe hinter ihr. Und sie bereitet noch immer um die gleiche Zeit das Abendessen zu, wie aus einem inneren Zwang heraus.
Was seit dem Tod ihres Mannes gravierend ist: Manchmal wacht sie mitten in der Nacht auf mit großer Atemnot, gleich einem Asthmaanfall. Sie geht zum Arzt und dieser kann zum

wiederholten Male keine Anzeichen einer Asthmaerkrankung feststellen, obwohl diese Symptome regelmäßig und eindeutig auftreten. Sie versucht Hilfe zu finden bei anderen Medizinern und Medikamenten, aber die Atemnot tritt weiterhin auf, sowie die Begleiterscheinungen, wie damals bei ihrem Mann.

Diese Frau kommt nun zu uns, nachdem sie seit mehreren Jahren dieses Leiden nicht in den Griff bekommen hat und die herkömmliche Medizin offenbar nicht helfen kann.
Wer wir sind? Man nennt uns „Medien“ und „Geistheiler“.
Grundsätzlich hat jeder Mensch mediale Fähigkeiten, die individuell und unterschiedlich stark ausgeprägt sind. Durch Techniken und Anleitungen guter Lehrer ist es möglich herauszufinden, welche Fähigkeiten angelegt sind; diese kann man durch entsprechendes Training ausbilden, um sie hilfreich einzusetzen.

Was tun wir nach dem Beratungsgespräch?
Wir konzentrieren uns auf diese Frau und können feststellen, dass sie unter einer so genannten Besetzung[(1)] leidet, d. h sie ist einem Fremdeinfluss, ist einer fremden Energie ausgesetzt; jemand oder etwas wirkt auf sie ein.
Wie intensiv diese Wirkung ist und welche Auswirkungen zu spüren waren oder sind, finden wir nun heraus.
Das Inkorporationsmedium[(2)] versetzt sich in eine Art Trance und stellt seinen Körper zur Verfügung, so dass der „Besetzer“ die Gelegenheit hat, durch den Mund des Mediums zu sprechen, durch die Ohren zu hören. Es ist eine entsprechend geschulte Person für diese Konversation.

Was geschah bei dieser Sitzung?
Der verstorbene Ehemann meldete sich und regte sich fürchterlich darüber auf, dass man ihn ignoriert. Seine

Skatfreunde haben einfach einen Ersatzmann genommen und spielen nicht mehr mit ihm Skat. In der Firma, in welcher er arbeitet, hat man sogar jemand anderen an seine Arbeitsstelle gesetzt. In der Kneipe redet man auch nicht mehr mit ihm, aber wenigstens sein Bier kann er noch trinken (indem er sich *unwissentlich* im Energiefeld einer biertrinkenden inkarnierten Person *festsetzt* und diese telepathisch animiert, noch ein Bier zu trinken). Sogar seine Frau hat sich verändert. Sie macht zwar noch Abendessen, deckt aber den Tisch nur noch für eine Person. Sie sagt ihm auch nicht mehr „Gute Nacht", wenn er schlafen geht. Und überhaupt ist alles immer so dunkel um ihn herum.

Nachdem wir ihm erklärt und gezeigt haben, was mit ihm passiert ist, nämlich dass sein Körper verstorben ist, hat er erst erkannt, warum sich alles verändert hat. Vom Unwissenden zum Wissenden geworden war er nun bereit, in die geistige Welt zu gehen und sein erdgebundenes Dasein aufzugeben.

Was geschah danach? Tage später erzählte uns seine Witwe, dass das vermeintliche Asthma und die Atemnot so gut wie verschwunden wären und sie nachts keine Anfälle mehr hätte. Auch fühle sie sich im Allgemeinen gesundheitlich viel besser und sie „rieche" ihren Mann nicht mehr. Diese Frau war eine sehr sensible Person, wie es viele unter uns sind. Ihr verstorbener Mann, dessen Geist und Seele noch bei ihr weilten, hatte seine Krankheitssymptome auf sie übertragen. Dieser Fall war nur ein Beispiel, wie sich Sensitivität bemerkbar machen kann.

Ein Erlebnis wie aus einem Schulbuch. Manchmal gibt es sofort Effekte, ein anderes Mal dauert es seine Zeit.

Es hat seine Gründe, warum wir immer wieder um das Seelenheil der Verstorbenen bitten und dafür beten. Die Energie dieser Gebete ist von enormer Wichtigkeit.

Schauen wir uns das Thema Besetzung an – unter einem der wichtigsten Aspekte, der Reinkarnation.

Da es weder Zeit und Raum gibt, wenn man sich in dem energetischen Zustand des Seins befindet, d. h. sich in keiner Hülle (Körper) befindet, ist es natürlich möglich, dass die Seele, sobald sie den Körper verlassen hat, über einen – nach Erdjahren gerechneten – Zeitraum von Hunderten von Jahren erdgebunden bleibt.
Nehmen wir wieder ein Ehepaar an, welches fast 40 Jahre verheiratet war. Die Frau starb im Alter von 72 Jahren, der Mann verstarb 3 Jahre nach seiner Frau. Die Frau glaubte nur an ein einziges Leben.
Was geschah nach dem Tod dieser Frau? Vielleicht ähnliches wie im ersten Bespiel, oder sie hielt sich – was aufgrund unser jahrzehntelangen Erfahrung häufiger vorkommt – ca. *200 Jahre* in der Dunkelheit auf, d. h. sie ist erdgebunden.
Ihr damaliger Mann ging nach seinem Tod direkt in die geistige Welt und entschied sich irgendwann, wieder zu reinkarnieren, d. h. er hat sich eine neue Hülle, ein Leben, ausgesucht und befindet sich demnach auf der Erde, wieder in körperlicher Gestalt eines Mannes. Seine Seele und sein Geist haben eine ganz individuelle Schwingungsfrequenz. Er ist jetzt 35 Jahre alt, verheiratet und hat ein Kind.
Seine Ehefrau aus der früheren Inkarnation (vor ca. 20 Jahren), deren Seele noch erdgebunden ist, „erkennt" plötzlich wieder die Schwingungsfrequenz ihres Mannes und geht zu ihm. Was könnte dies bewirken? Plötzlich befindet sich eine weibliche und liebende Energie in seiner Aura.

Erste Ebene des Geschehens: Wenn seine jetzige Frau sensibel ist, könnte es sein, dass sie aus heiterem Himmel eifersüchtig und misstrauisch wird, da sie den veränderten energetischen Zustand ihres Mannes unbewusst wahrnimmt; vielleicht unterstellt sie ihm sogar eine Affäre. Ihr Mann versteht das Verhalten seiner Frau nicht, es kommt häufiger zu Streitigkeiten. Der Mann fühlt sich zu unrecht beschuldigt.
Zweite Ebene des Geschehens: Seine „frühere Ehefrau“ nimmt wahr, dass es eine Nebenbuhlerin gibt, eine andere Frau bei „ihrem Mann“, und versucht eifersüchtig, sie zu vertreiben. Wir überlassen es jetzt ihrer Fantasie, was sich weiterhin daraus ergeben könnte als Auswirkungen.

Diese Fälle sind die Regel. Glücklicherweise gibt es verschiedene Methoden, solches herauszufinden und zu klären.

Und nun stellen Sie sich vor, eine Person hatte Feinde im früheren Leben ... einige dieser sind auch noch nicht reinkarniert und finden eines Tages die Schwingungsfrequenz der feindlichen Person wieder. Was geschieht, wenn Hass ins Spiel kommt?

Es wird durch diese Beispiele deutlich gemacht, dass körperlose Wesen oft keine Furcht einflößenden Dämonen sind, vor denen man sich fürchten muss, sondern lediglich Menschen ohne Körper. Wenn man die entsprechende Voraussetzung schafft, ist es möglich, mit diesen Kontakt aufzunehmen und dadurch eine Veränderung des Verhaltens zu bewirken; so ist der noch erdgebundenen Person zu helfen sowie der inkarnierten.

Nun haben wir einen sehr interessanten und zum Teil erschütternden Aspekt von möglichen Ursachen

psychosomatischer Störungen angesprochen, den es nicht außer Acht zu lassen gilt. Es wurden teilweise einige beachtliche Forschungen zu diesem Thema gemacht, durch den in o. g. Zitat erwähnten Dr. med. Carl Wickland, ehemaliger Arzt und Leiter des „National Psychological Institut" in Kalifornien, der sich mit den möglichen Ursachen von Geistesstörungen durch Fremdbeeinflussung befasst hat, mit Hilfe der medialen Fähigkeiten seiner Frau.
In Brasilien werden seit dem 19. Jahrhundert sehr erfolgreich entsprechende Therapiemaßnahmen eingesetzt. Nähere Hintergründe erfahren Sie in dem Buch „Captacao – Trancetherapie in Brasilien. Eine ethno-psychologische Studie über Heilung durch telepathische Übertragung".

Dieses Thema ist weitreichend genug, gerade in der Vielfalt seiner Auswirkungen, nicht nur im Zuge des Wissens um die Hintergründe, dass es dazu weiterer und ausführlicher Informationen bedarf.

----

1) Besetzung:
Als Besetzer bezeichnet man eine körperlose, Besitz ergreifende Wesenheit, welche Einfluss auf inkarnierte Personen nimmt. Dies kann zu leichten bis schweren psychosomatischen Störungen führen.

2) Inkorporation
Ein speziell dafür ausgebildetes Medium stellt einer körperlosen Wesenheit durch telepathische Übertragung seinen Körper zur Verfügung, wodurch eine Kommunikation mit der Wesenheit möglich ist.

Zuwendung und Glaube

Der berühmte britische Heiler Harry Edwards arbeitete in England vierzig Jahre seines Lebens als Geistheiler und wurde jährlich von Tausenden von Kranken aufgesucht. Im Vorwort seines Buches „Praxis der Geistheilung“ sagt Edwards:
„Die Gabe zu Heilen ist von Gott verliehen und allen denjenigen angeboren, die von Liebe und Hilfsbereitschaft für Kranke und Leidende beseelt sind.“
Nach seiner Meinung ist Heilen eine Naturgabe und die Voraussetzung ist ein tiefes und aufrichtiges Mitgefühl für Kranke und Schmerzleidende.

„Praxis der Geistheilung“ erschien 1974. In dieser Zeit wussten wir noch nicht so viel wie heute über energetisch-informative Aspekte des Geistigen Heilens; und quantenphysikalische Grundlagen, die beim Heilen eine Rolle spielen, hatten sich damals in Heilerkreisen noch weniger als heute herumgesprochen. Die Grundlagen von „Liebe und Hilfsbereitschaft für Kranke und Leidende“, die Edwards erwähnte, spielten mit Sicherheit auch damals eine wesentliche Rolle, über alle biophysikalischen Erklärungsmodelle des Heilens hinaus.
Dennoch bin ich der Meinung, dass wir es uns vielleicht etwas leicht machen, wenn wir lediglich sagen, Christus als der Sohn Gottes habe uns mit seinem Heilauftrag ausgestattet (Mt 10,8; Lk 10,9; Apg 5). Auch wenn wir sagen, wir heilen mit universeller, kosmischer oder göttlicher Energie, sind wir in unseren Erklärungen noch recht vage im Bezug auf den göttlichen Heilauftrag. Sicherlich aber liegen wir viel konkreter mit der Erläuterung der göttlichen Gaben an die Menschen, wie sie im 1. Brief an die Korinther (12,6 – 11) zu lesen sind:

„Es gibt verschiedene Kräfte, die wirken, aber nur den einen Gott. Er bewirkt alles in allem. Jedem aber wird die Offenbarung des Geistes geschenkt, damit sie anderen nützt. Dem einen wird vom Geist die Gabe geschenkt Weisheit mitzuteilen, dem anderen durch den gleichen Geist die Gabe Erkenntnis zu vermitteln, dem dritten im gleichen Geist Glaubenskraft, einem anderen – immer in dem einen Geist – die Gabe Krankheiten zu heilen, einem anderen werden Wunderkräfte geschenkt ... Das alles bewirkt ein und derselbe Geist; einem jeden teilt er seine besondere Gabe so zu, wie er will.“

Wir finden die uns verliehene Kraft zu heilen also in uns selbst; dorthin und zu unserer liebenden Verfügung ist sie uns durch die „Offenbarung des Geistes“ geschenkt worden.
Im übertragenen Sinn können wir dazu auch Augustinus (354 – 430) verstehen: *„Gehe nicht nach außen, kehre in dich selbst zurück, im inneren Menschen wohnt die Wahrheit.“*

Geistige Heiler müssen in diese Mitte des Menschen hinabsteigen, damit Heilung geschehen kann. Sie müssen die Ebene des Materiellen, Greifbaren verlassen und aus der Polarität von Raum und Zeit in die Einheit des Mittel-Punktes wechseln. In der Mitte des Menschen geschieht der Wechsel in eine neue Dimension, und das gilt nicht nur für Atome und Quanten, sondern „auch für die Zelle und den ganzen Menschen, die Erde und letztlich wohl auch für das Universum“ (Roland R. Ropers).

Es ist meine eigene Erfahrung und die Erfahrung vieler meiner Patienten, dass Heilung wirklich jenseits von Raum und Zeit stattfindet. *„Ein guter Heiler hält die Zeit an. Wenn die zeitliche Komponente aufgehoben wird, öffnet sich das Fenster* *zu den kosmischen, den göttlichen Kräften, die Leben und Gesundheit spenden.“* (Persönliche Mitteilung von O. Jenner, 2004)

Heilung bedarf dieser Kräfte, da ja auch viele Krankheiten in die innersten Schichten unserer körperlichen Existenz hinabreichen, wo wir sie als körperlichen, geistigen oder auch spirituellen Mangel erleben können. Zentraler Bestandteil unserer Spiritualität aber ist die Liebe, gerade wenn es um Dankbarkeit, Vergebung, Angenommen- und Aufgehobensein, liebende Zuwendung, ein erweitertes Verständnis unserer menschlichen Existenz und um Aussöhnung mit Gott, unseren Mitmenschen und unserem eigenen Ich geht. Erst unter Einbeziehen aller Facetten der menschlichen Natur werden für mich als Arzt Heilerfolge erklärlich, die ich früher nur als Wunderheilung bezeichnen konnte.

Oder wie sollen wir es nennen, wenn eine Migräne nach vierzig Jahren von einer auf die andere Stunde verschwindet? Wenn Krebsmetastasen sich nicht mehr zeigen nach zwei spirituell-energetischen Behandlungen? Wenn eine Patientin nach der ersten Heilmeditation ihren „Schiefhals“, der seit drei Jahren bestand, mit einer nahezu fixierten Drehung des Kopfes um 80 Grad, wieder so bewegt, dass der Kopf gerade steht?

Wenn eine sogar endoskopisch nachgewiesene Speiseröhrenverengung plötzlich nicht mehr nachweisbar ist und der Patient wieder feste Nahrung zu sich nehmen kann, von einem Tag auf den anderen? Oder wenn ein Patient nach der ersten Heilmeditation eine Woche lang von tiefem Traurigsein ergriffen ist und sich dann nicht nur die Trauer auflöst, sondern auch die heftigen, chronischen Rückenschmerzen verschwinden, welche den Patienten fünf Jahre lang gequält hatten?

All dieses Erleben lehrt mich: Die Heilung vollzieht sich nicht da, wo Symptome der Krankheit verschwinden, sondern da, wo Friede, Vergebung und Liebe in unsere Herzen einkehren. Ich nenne diesen Bereich: „Am Grunde des eigenen Herzens", „Am Grunde meines Lebens", „In der Mitte meiner Seele". Unsere Sprache lässt mir da eine gewisse Freiheit. Und Sie wissen, was ich meine, wenn ich von der Mitte spreche, die in jedem von uns liegt.

Vielleicht denken Sie jetzt, ich spreche vom „göttlichen Funken" in uns. Das tue ich nicht. Ich glaube nicht, dass ich einen göttlichen Funken in mir trage, denn *„Gott ist nicht die letzte Tiefendimension unserer Seele, unseres Geistes oder des gesamten Kosmos, welche wir bei genügend intensivem Nach-innen-Schauen entdecken und dabei als die höchste Qualität aller Dinge ausmachen können"* (M. Kehl).
Aber ich glaube, dass ein Teil meiner Seele ständig, auch vor und nach diesem Leben, bei Gott sein darf. Im tiefsten Sinne ist das für mich die „Mitte", aus der ich meine Heilarbeit verrichte. Dieser Kontext ist wohl unendlich viel wichtiger als alles, was ich über Medizin, über Krankheiten und über ihre Behandlungen je gelernt habe.

„Denn unser Wissen ist Stückwerk und unser prophetisches Reden ist Stückwerk. Wenn aber das Vollkommene kommen wird, so wird das Stückwerk aufhören. Als ich Kind war, da redete ich wie ein Kind und dachte wie ein Kind und war klug wie ein Kind. Als ich aber ein Mann wurde, tat ich ab was kindlich war. Wir sehen jetzt durch einen Spiegel ein dunkles Bild, dann aber von Angesicht zu Angesicht. Jetzt erkenne ich stückweise; dann aber werde ich erkennen, wie ich erkannt bin."
(1.Kor 13,11 – 12)

In meinem Leben habe ich Heilung von einer Krankheit erfahren, an der die uns geläufige Medizin sich vergeblich versucht hatte. Und ich habe dabei erlebt, wie die Zeit nicht mehr existierte, wie ich durch Räume und Zeiten wanderte, die in unserem Sinne ihre Bedeutung verloren hatten – Wanderungen von einem Leben ins andere oder von einer Welt in eine andere. Mein Heiler legte mir die Hände auf, es war 13.30 Uhr. Ich erwachte nach einer inneren Reise, und meinem Empfinden nach waren 45 Minuten vergangen. Ich fragte nach der Uhrzeit, denn ich wollte meinen Intercity nicht versäumen.
„Wann fährt er denn?", fragte der Heiler.
„Um 15.25 Uhr", antwortete ich.
„Nehmen Sie einen späteren Zug", erwiderte der Heiler, „Es ist bereits 18.00 Uhr."
Das waren meine ersten kleinen Erfahrungen mit der anderen Dimension, in die wir beim Heilen oder beim Geheiltwerden eintreten. Es kamen viele Erfahrungen hinzu aufgrund meiner eigenen Entwicklung und aufgrund der Erlebnisse mit den Menschen, die zu mir kamen. Inzwischen bin ich, nach einer Reihe von Jahren, zu der Überzeugung gelangt, dass Erfahrungen und Ideen, die den Rahmen der konventionellen Wissenschaft sprengen, wichtig sind für die Zukunft unserer Erde und der Menschen, die darauf leben. Ohne diese Ideen ermüden Geist und Leidenschaft, sterben Wille und Tat, ist unsere Zukunft gefährdet.

Im Neuen Testament der Bibel finden wir folgende Geschichte (Mk 5,21 – 34):
Jesus befand sich auf dem Weg zum Hause des Synagogenvorstehers Jairos, der ihn dringend gebeten hatte, seiner kleinen Tochter, die im Sterben lag, die Hände aufzulegen. Viele Menschen drängten sich hinter Jesus, denn sie wollten den berühmten Wunderheiler und sein Wirken

sehen. Unter den Menschen war eine Frau, die seit zwölf Jahren an Blutungen litt und die „von vielen Ärzten viel ausgestanden und auch ihr ganzes Vermögen aufgebraucht hatte“, ohne dass es ihr etwas geholfen hätte. Nun kam sie in der Menge von hinten an Jesus heran und berührte sein Gewand und dachte dabei, dass sie schon nur durch diese Berührung Heilung finden könne.
Augenblicklich hörte die Blutung auf; „Sie fühlte, dass sie von der Plage befreit war.“ Jesus spürte sofort, dass eine Kraft von ihm ausgegangen war. Er drehte sich in der Volksmenge um und fragte: „Wer hat mein Gewand berührt?“
Seine Freunde erwiderten ihm: „Meister, wir sind hier mitten im Gedränge und du fragst, wer dich berührt hat?“
Jesus sah sich noch immer um, da kam die Frau voller Angst und Zittern im Bewusstsein dessen, was ihr geschehen war, fiel vor ihm nieder und gestand ihm die ganze Wahrheit. Jesus sagte: „Meine Tochter, dein Glaube hat dich geheilt. Gehe hin in Frieden und sei von deiner Plage befreit.“

Alle Erklärungsmodelle, die wir bisher für den spirituellen Aspekt Geistigen Heilens haben, finden nirgendwo sonst so eindeutig Ursprung und Lösung wie in dieser Geschichte.

Der nucleus in nuce, der Kern in der Nuss, liegt in dem Satz: „Jesus spürte sofort, dass eine Kraft von ihm ausgegangen war.“
Von welcher Kraft ist hier die Rede? Meint Jesus „Energie“, von der wir heute so oft im Zusammenhang mit heilender Kraft sprechen? Um diese Frage zu beantworten, bediene ich mich der Beratung durch meinen Jugendfreund und „Haustheologen“, Prof. Kehl.

„Medard, du kennst die Geschichte aus dem Markus-Evangelium, in der Jesus eine Frau heilt, die an Blutungen litt. ‚Jesus spürte, dass eine Kraft von ihm ausgegangen war.‘ Wie heißt diese Kraft im griechischen Urtext des Neuen Testamentes? Ist das entsprechende Wort vielleicht mit unserem Wort Energie zu übersetzen?“
„Nein, durchaus nicht. Für dieses Wort steht im griechischen Urtext *dynamis*, und Dynamis ist reserviert für die lebensspendende und heilende Kraft Gottes. Gott ist der Logos, die Vernunft, der Plan der Schöpfung. Und Christus ist der Mensch gewordene Logos. Ihm stand die Heilkraft seines Vaters zur Verfügung, dessen heilende und lebensspendende Kraft; und es drängte ihn, diese Kraft den Menschen zukommen zu lassen. So heilte er und weckte Tote auf.
Warum willst du das wissen?“
„Weil ich Heiler bin.“
„*Was* bist du?“
„Heiler. Nicht im Sinne von ‚heiler als du‘, sondern im Sinne von Arzt und Heiler.“
„Heiler als ich ... Das wäre ja noch schöner.“
Er lacht, sagt Adé und das Gespräch ist beendet.

Gott steht nach Thomas von Aquin (S. th. I, 11 – 3 u. 4) über allem anderen Sein: Er ist ungeschaffen, ewig, absolut notwendig, vollkommen und er ist lebendiger Geist. Gott ist die Fülle des Seins, der Inbegriff aller Vollkommenheit; Gott ist die Kraft aller Kräfte, das Leben allen Lebens, das Dasein allen Daseins, die Form aller Formen.
Und bei M. Kehl finden wir, was Gott *nicht* ist, und das hat, so meine ich, für die heutige Heilerszene einen nachhaltigen Bezug:
„Gott ist kein außerirdisches, geistig-unsichtbares Wesen, das irgendwo in den Tiefen des Weltalls, jenseits der Grenzen

unseres Kosmos wohnt, das von dort aus alles überblickt und beherrscht ...",
„Gott ist nicht die letzte Tiefendimension unserer Seele, unseres Geistes oder unseres gesamten Kosmos, welche wir bei genügend intensivem (psychologischem, philosophischem, naturwissenschaftlichem oder meditativ-religiösem) Nach-innen-Schauen entdecken und dabei als die höchste Qualität aller Dinge ausmachen können ...",
„Gott gehört nicht in die Zusammenhänge unserer Wirklichkeit, die wir mit unseren Sinnen und unserem Verstand begreifen können",
„Gott ist für uns schließlich überhaupt keine Eigenschaft, kein Zustand und kein Teil unserer weltlichen Wirklichkeit",
„Aber Gott ist Liebe, die ‚auf der Suche nach dem Verlorenen' ist. Gott ist die Liebe, deren Reich unter den Armen angebrochen ist."

Und mit nochmaligem Bezug auf unseren Heilauftrag finden wir bei Matthäus (11,5):
„Blinde sehen wieder und Lahme gehen. Aussätzige werden rein und Taube hören, Tote stehen auf, und den Armen wird das Evangelium verkündet." Damit werden die Heils- und Wundertaten Jesu zu aktuellen Zeichen der Zeit und machen bereits die Gegenwart zur Zeit des Heils; und im gleichen Sinne sagte Jesus:
„Wenn ich in der Kraft Gottes Dämonen austreibe, dann ist das Reich Gottes schon zu euch gekommen" (Lk 11,20).

So stellt Jesus sein heilendes und lebensspendendes Wirken in die jeweils aktuelle Gegenwart und damit, wenn es auch paradox klingen mag, in die Zeitlosigkeit. Im Sichtbarwerden der göttlichen Heilkraft wird das Reich Gottes für alle Menschen, gleich welcher Zeitepoche, zur erlebten

Wirklichkeit. Sehen wir dies zusammen mit seinem Auftrag („Heilt Kranke, erweckt Tote, macht Aussätzige rein, vertreibt böse Geister!" – Mt 10,8), dann können wir daraus eine Bevollmächtigung herleiten, die auch für uns und unsere heutige Zeit gilt. Das zitierte Jesuswort macht uns zu denen, die die Gnade erhalten haben, sein heilendes Wirken fortzusetzen.

An dieser Stelle fällt mir ein Patient ein, ein gepflegter Herr von ca. 50 Jahren, dem man nicht auf den Kopf zusagen würde, dass er sich bei einem Heiler behandeln ließe. Er legt sich auf die Untersuchungsliege und sagt: „Ich bin völlig fertig. Meine Bronchitis dauert schon Wochen, meine Rückenschmerzen nerven mich seit Monaten, und ich bin nur noch in einer einzigen Hetze. In drei Tagen muss ich einen Vortrag in Brüssel halten. Und jetzt erzählte mir ein Bekannter, dass Sie anders behandeln. Bitte tun Sie etwas für mich."
„Sind Sie ein gläubiger Mensch?"
„Ich gehe in keine Kirche, aber ich glaube an Gott über meinem Leben."
Er hat mir noch aus Brüssel eine Karte geschickt: „Sie haben mich gar nicht nur behandelt, Sie haben mich völlig verändert – oder Gott, von dem Sie zwischendurch kurz gesprochen haben, als ich auf Ihrer Liege lag. Darf ich wiederkommen, wenn ich zurück bin?"

So ergibt sich für uns Heiler, die ihre Arbeit im göttlichen Auftrag tun, ein neues Modell für die spirituelle Seite Geistigen Heilens. Nach dem energetischen Modell und dem Informationsmodell möchte ich es nennen:

DAS MODELL DER LIEBENDEN ZUWENDUNG

GOTT
ist der Logos, der Plan, die Vernunft, die Kraft der Schöpfung.
Als Schöpfer hat er lebensspendende und heilende Kraft.

JESUS CHRISTUS
ist der Mensch gewordene Logos, der Sohn Gottes.
Als Sohn Gottes verfügt er über die heilende und lebensspendende Kraft seines Vaters, und es drängt ihn, in göttlicher Liebe diese Kraft bei den Menschen wirksam werden zu lassen.
Er beauftragt seine Jünger, zu den Menschen zu gehen und in Seiner Nachfolge die göttliche heilende Kraft bei den Menschen anzuwenden und wirksam werden zu lassen. In Seinem Auftrag sollen sie Krankheiten heilen und böse Geister austreiben.
Der so ermächtigte Heiler befindet sich in *Resonanz* zur göttlichen Liebe und zur göttlichen Ordnung des Logos; er überträgt deren Prinzipien in liebende Zuwendung auf den Patienten. Aus dem Chaos der Krankheit kann Ordnung entstehen als Ausdruck des Heilwerdens im Sinne Gottes.

Heilen kann demnach, wer sich in Resonanz zur göttlichen Liebe befindet. Wer selbst nicht zur Liebe fähig ist, der kann nicht in Resonanz zum Logos treten, der kann die göttliche Kraft zum Heilen nicht wirksam werden lassen.

Die Freunde (Jünger) Christi sind „in Seiner Liebe". Ich glaube, jeder von uns ist es, wer von sich aus „Ja" sagt zu dieser Liebe.

Nennen wir seine Jünger in diesem Zusammenhang einmal Heiler. Also: Was heilt, ist Gottes Heilkraft, mit deren Anwendung Jesus Heiler beauftragt. Grundlage, mit seiner Heilkraft arbeiten zu können, ist die Liebe zwischen Gott und den Menschen.
Diese Liebe hat Jesus uns Menschen gegeben. Er betet kurz vor seiner Gefangennahme: „Treuer Vater, die Welt hat Dich nicht erkannt. Aber ich habe Dich immer gekannt und diese hier haben erkannt, dass Du mich gesandt hast. Ich habe ihnen gezeigt, wer Du bist und werde es weiter tun. So wird die Liebe, die Du zu mir hast, auch sie erfüllen und ich werde in ihnen leben."

Und nun greifen wir noch einmal zurück auf das Wort: „Gott ist die Liebe, die auf der Suche nach dem Verlorenen ist."
Es gibt eine alte Geschichte, die uns die Bibel erzählt. Die Exegeten halten sie für eine zentrale Botschaft Jesu, des Mensch gewordenen Logos. Die meisten von uns kennen diese Geschichte. Es ist das Gleichnis vom verlorenen Sohn (Lk 5,11 – 32):
Ein Vater hat zwei Söhne. Der Jüngere lässt sich seinen Erbteil geben und geht in die Fremde. Er führt ein lasterhaftes Leben, verschleudert sein Vermögen, steigt sozial immer mehr ab. Schließlich arbeitet er als Schweinehirt. Am Grunde seines Lebens angekommen und nachdem er alles verloren hat, sagt er sich: „Ich will zu meinem Vater gehen." Der Vater sieht ihn von weitem kommen, hat Mitleid mit ihm, läuft ihm entgegen, umarmt und küsst ihn. Er steckt ihm einen Ring an die Hand und Schuhe an die Füße und lässt ein großes Fest feiern, denn:

„Mein Sohn war tot und lebt wieder; er war verloren und ist wieder gefunden worden.“
Für mich ist dies eins der stärksten und tröstlichsten Bibelworte überhaupt: *„Ich will zum meinem Vater gehen.“*
Dieser Satz steht für Kapitulation, er steht am Ende des Scheiterns. Er steht für einen durch und durch misslungenen Lebensentwurf. Er steht aber auch für Vertrauen über alle Vernunft hinaus. Er steht für den Glauben des Menschen an einen Gott, der liebend auf der Suche nach dem Verlorenen ist. Und er steht für die Bereitschaft und die Hoffnung des Menschen, sich auf Heilung einzulassen:
„Ich will zu meinem Vater gehen, denn ich habe mich restlos überfordert – bis zum Verlust meiner Gesundheit. Ich will zu meinem Vater gehen, denn meine Ahnung von Spiritualität ist mir zwischen den Fingern zerronnen. Ich habe mich allein um das Materielle gekümmert und nicht gesehen, dass dabei meine Seele krank wurde. Ich habe immer nur gefordert und weder gegeben noch vergeben. Nun kann ich das alles nicht mehr tragen. Die ganze Last ist mir längst zu schwer geworden. Ich sehe keinen Sinn mehr. Ich hatte noch nie in meinem Leben so viel erreicht und hatte noch nie so wenig in der Hand.“
Wir wissen, was dieser Mensch für sein Leben sucht:
Die liebende Zuwendung seines göttlichen Vaters.

Ein Heiler steht zwischen der Liebe und dem Auftrag Gottes einerseits und seiner eigenen liebenden Zuwendung zu Menschsein, Krankheit, Leid und Schmerz andererseits. Diese Zuwendung in göttlichem Auftrag ist mehr als Behandeln von Symptomen, ist mehr als die Anwendung moderner therapeutischer Prinzipien im somatischen, psychosomatischen und psychischen Bereich. Wird ein Arzt oder Heilpraktiker oder Angehöriger eines anderen konventionellen Heilberufes darüber hinaus zum Heiler, so wird sich Anwendungsmedizin zur Zuwendungsmedizin wandeln. Das ganze System konventioneller Diagnostik und Therapie kann sich verbinden mit der liebenden Zuwendung des Heilers, die in Resonanz mit der göttlichen Liebe in die „Mitte“ des Menschen, auf den Grund seines Herzens, zum Grund seines Lebens findet und dort Heilwerden in körperlichem, geistigem und spirituellem Sinne in Gang setzt und, sofern die Selbstheilungskräfte des Patienten aktiviert sind, auch vollendet. Die gleichen Möglichkeiten eröffnen wir der Effektivität unserer konventionellen Therapieprinzipien, wenn wir auf breiter Ebene Ärzte und Heilpraktiker mit guten Heilern zusammenarbeiten lassen.

Im Sinne unserer Kranken, Erschöpften und vom Leben Enttäuschten darf es keinen Wettstreit geben zwischen Anwendungsmedizin und Zuwendungsmedizin, sondern es muss zu einem Miteinander kommen im Kampf gegen Krankheit, Leid, Schmerz und Trauer. Wenn Ärzte nicht gegen spirituelle Heiler und Heiler nicht gegen moderne Ärzte stehen, dann gehen modernste medizinische Forschung und liebende menschliche Zuwendung Hand in Hand bei der Ausübung einer im besten Sinne ganzheitlichen Medizin.

Sehe ich die beiden Säulen, auf denen eine solch ganzheitliche Medizin ruht, nämlich Medizin auf dem Boden der aktuellsten naturwissenschaftlichen Forschung und tiefe Spiritualität von Menschen mit einem liebenden Herzen, dann sehe ich für die Zukunft ein Gesundheitssystem, das in der neuen Geschichte der Menschheit bisher nicht gewesen ist. Die Patienten in diesem System werden lernen, dass eine Fülle von Behandlungen nicht ein Fülle von Gesundheit garantiert, und so werden die Ansprüche an das System sinken, in gleichem Maße wie das Verständnis für wirkliches Heilwerden wächst.

Wir werden erkennen, dass Heilwerden in unserer Mitte, am Grunde unseres Herzen und unseres Wesens beginnt, dort eben, wo liebende Zuwendung uns hinführt. Von dort aus werden sich unsere Selbstheilungskräfte erneuern und aufbauen können und überall wo es notwendig erscheint, wird konventionelle Medizin nach den neuesten wissenschaftlichen Standards ihre Mittel im Sinne einer wirklichen Heilung beisteuern.

Die Geschichte hat oft gezeigt, zu welch großen Leistungen ein Volk fähig ist, wenn es mit heilsamen Kräften an der Verwirklichung eines gemeinsamen Zieles arbeitet. Übertragen wir diese Erfahrung auf die Schaffung eines ganzheitlich ausgerichteten Gesundheitssystems, das spirituelle Bedürfnisse berücksichtigt, dann werden wir ein Heil-Sein erleben, das weit über unseren Gesundheitszustand hinaus geht. Dieses Heilsein wird unser Denken verwandeln. Es wird für das Heilsein der Erde und des Kosmos neue Maßstäbe setzen.

EINE NEUE EINSTELLUNG ZUR KRANKHEIT

Bereits Carl-Friedrich von Weizsäcker hat es den Vertretern einer konservativen Medizin ins Stammbuch geschrieben:
„In der Medizin sind die bisher radikalen Änderungen, die in der Naturwissenschaft durch die Quantentheorie als Grundpfeiler der modernen Physik erzwungen wurden, zu wenig beachtet worden [...] Wenn bereits in der Naturwissenschaft eine Überwindung des Dualismus von Subjekt und Objekt erforderlich ist, bedeutet dies für den Arzt eine große Ermutigung, auch in seiner Wissenschaft und seinem Beruf zum Teil noch bestehende alte Denkstrukturen einer strikten Trennung von Subjekt und Objekt (= Geist und Materie, d. Verf.) zu überwinden."

Thorwald Dethlefsen und Rüdiger Dahlke schreiben im Vorwort zu ihrem Buch „Krankheit als Weg":
„Dieses Buch ist unbequem, denn es entzieht dem Menschen die Krankheit als Alibi für seine ungelösten Probleme. Wir wollen zeigen, dass der Kranke nicht unschuldiges Opfer irgendwelcher Unvollkommenheiten der Natur, sondern auch der Täter selbst ist. Dabei denken wir nicht an Schadstoffe der Umwelt, Zivilisation, ungesundes Leben oder ähnliche bekannte ‚Schuldige', sondern wir möchten den metaphysischen Aspekt des Krankseins in den Vordergrund rücken. Symptome zeigen sich unter diesem Blickwinkel als körperliche Ausdrucksformen psychischer Konflikte und sind durch ihre Symbolik in der Lage, das jeweilige Problem des Patienten zu entlarven."

Dr. E. Huber war ab 1987 Präsident der Berliner Ärztekammer und organisierte die „Andere Medizin" in Deutschland mit.

Bei Vertretern der orthodoxen Medizinausübung ist Huber gefürchtet wegen seiner zutreffenden Vorwürfe gegen eine überkommene Standespolitik und eine patientenfeindliche Pharmaindustrie... (H. Wiesendanger).. Anfang 1999 gründete er die „Aktion Gesundheit – Berliner Bündnis für ein menschliches Gesundheitswesen“. Nach seinen Vorstellungen soll es zu einem überregionalen Netzwerk von Ärzten und anderen freiberuflich Tätigen sowie von Patienten ausgebaut werden. E. Huber spricht sich entschieden für die Einbeziehung Geistigen Heilens in die Medizin aus. In seinem Vortrag „Heilung im Kommunikationszeitalter“, gehalten 1998 auf dem Weltkongress für Geistiges Heilen in Basel, sagte er:

„Das Maschinenbild vom Leben – die Vorstellung also, dass Menschen wie komplexe Uhrwerke funktionieren, die bei Defekten repariert werden können – hilft nicht weiter, wenn die Krankheiten der heutigen Zeit bekämpft werden sollen. Die Angst nimmt auch zu, wenn das soziale Bindegewebe zu brechen droht. Wir können Angst mit Herzkathetern bekriegen, sie verschwindet vielleicht, aber sicherlich nicht auf Dauer, denn der Herzkatheter löst nicht das zu Grunde liegende Problem. Für die Medizin geht es heute darum, die Kultur des Helfens und Heilens wieder wichtiger zu nehmen als die Strukturen des Gesundheitssystems.“

W. Jäger, Benediktiner und Zen-Meister, der seit zwölf Jahren Trainingskurse für Kontemplation und Zen in Deutschland, dem europäischen Ausland und den USA hält, hat das große Anliegen, die vergessene Tradition der Mystik wieder in das menschliche Bewusstsein zu bringen und mit Leben zu erfüllen. In seinem Buch „Suche nach der Wahrheit“ weist er auf Lösungswege für den heutigen Menschen hin, die das alte Weltbild überschreiten und eine neue Weltsicht und ein neues

Menschenbild vermitteln. Er setzt sich für einen Weg der Menschheit in das Innen ein, für eine Transformation als Ausweg aus den gegenwärtigen Krisen des menschlichen Lebens. Er weist die Richtung zu einer Welt, in der sich eine neue Wertordnung, ein neues Bewusstsein, Friede und Liebe verwirklichen. Diese Welt- und Menschensicht berührt natürlich auch zentral unser Verständnis von Krankheit und jeder Art von medizinischer und psychotherapeutischer Behandlung. Auf den Weg aus der Krankheit heraus werden wir geführt über den Weg der Konfrontation mit dem Sinn unseres Lebens, weil dort im Kontext von Naturwissenschaft und Spiritualität in den tiefsten Schichten unserer Existenz alles liegt, dessen wir zur Heilung und zum Wachstum bedürfen.

Wir werden krank, wenn wir die falsche oder mangelhafte Nahrung zu uns nehmen. Wir werden krank, wenn wir die falsche, vergiftete Luft atmen, wir werden krank, wenn wir ständigem Druck, ständigem Schmerz, Leid oder Angst ausgesetzt sind. Wir werden nicht nur krank, wenn uns Hoffnung fehlt, wenn uns ein Lebensziel oder eine Lebensaufgabe fehlt, wir werden auch krank, wenn uns die spirituelle Nahrung fehlt, wenn wir den Kontakt zu unserer göttlichen Herkunft verloren haben. Wir können mit dem letztgenannten Mangel wohl länger leben als mit manch anderem Mangel, den wir möglicherweise unmittelbarer spüren. Aber weglaufen vor dem Defekt, ohne spirituelle Nahrung auskommen zu müssen, können wir auf Dauer nicht. Dann ist das eigentliche Heilmittel, das von den Weisen aller großen Kulturen empfohlen wurde, die Wende des Menschen nach Innen. Er besinnt sich auf seine Wurzeln, auf den Sinn seines Lebens.

Sinn des Lebens ist nicht gleich Glück im Leben. Glück bedeutet „ein Dach über dem Kopf“, eine gute Partnerschaft oder ein gutes Alleinsein, geliebt und geachtet zu werden, gesunde Kinder zu haben, selbst gesund zu sein, eine gute soziale Stellung, stabile Sicherheiten zu haben, Urlaub und Abwechslung genießen zu können und vor allem einen sicheren Arbeitsplatz gefunden zu haben. Der Sinn des Lebens schließt manche dieser Werte mit ein, reicht aber auch viel tiefer und bedeutet Wachstum und Reifung in der Entwicklung unserer menschlichen Existenz, bedeutet einen Lebensinhalt, für den es sich wirklich zu leben lohnt, bedeutet manchmal auch Leid, Krankheit und Scheitern zu akzeptieren. Jeder weiß wohl selbst am besten, was für ihn den Sinn seines Lebens ausmacht.

Auch Ärzte und Heiler brauchen den (für den einzelnen oft) neuen Weg nach Innen. Von dort her kommt die Verwandlung vom medizinischen Dienstleister zum Heilenden und Helfenden. Von dort kommt eine neu entdeckte uralte Ethik unserer heilenden Berufe. Die Ethik der Heilenden für die Zukunft wird also im Innersten unseres Wesensgrundes beheimatet sein und damit aufgrund einer neu entdeckten Erfahrung der Einheit allen Seins in der transpersonalen Bewusstseinebene gründen. Diese Ebene ist ein Energiefeld, das uns umgibt und das alles Individuelle enthält, das einmal war, ist und sein wird. Und damit überspannt es Raum und Zeit unseres Lebens. Von hierher erwachsen uns Ärzten und allen anderen Heilenden Liebe, Toleranz und Mitgefühl gegenüber allen Hilfesuchenden als Grundlage für unser verantwortliches Handeln in unseren Berufen. Mit diesen Voraussetzungen werden wir fähig sein, unsere Mitmenschen durch die ganzheitliche Heilung zu einer neuen, nicht nur glücklichen, sondern auch sinnerfüllten Gesundheit zu führen.

Wenn wir diese Erkenntnisse auf Anwendbarkeit neuer Strukturen unseres Gesundheitssystems übertragen, dann entwickelt sich in den Wissenschaften der Heilkunde eine Relativitätstheorie der Medizin (E. Huber), denn es ist mit einer Umwälzung zu rechnen, welche die Medizin ebenso verändern wird wie Einsteins Relativitätstheorie die Physik veränderte.
Wir können Schmerzen mit Tabletten bekämpfen, aber auch mit einer Veränderung des individuellen Lebensglücks oder sogar des Lebenssinns. Dagegen leben wir heute noch in Verhältnissen, die auf medizinischer Ebene einer Reparatur- und Dienstleistungsfirma gleichen. Magengeschwüre, Bluthochdruck, rheumatische Erkrankungen und Depressionen werden zur Zeit als Krankheit an sich und nicht als aus einer tieferen Schicht kommende Symptome aufgefasst.
Das abgewandelte Sprichwort „Den Körper beißen die Hunde“ sagt sehr treffend, wo Krankheit und wo Symptome liegen; wer als Letzter in der Kette eine Sache ausbaden muss, den beißen die Hunde, der wird krank.
Der Körper zeigt die *Symptome*, weitaus seltener ist er *Sitz* der Krankheit.

Wir, die wir an verschiedenen Stellen unseres Gesundheitssystems arbeiten, arbeiten häufig aneinander vorbei. Wir teilen den Organismus in Organe ein und halten uns als Spezialisten viel zu oft an die Organgrenzen, die uns unser Fachgebiet vorzugeben scheint. Wir reparieren komplizierte Mehrfachverletzungen und überlassen die so wichtige Nachbehandlung Physiotherapeuten, von deren Arbeitsweise wir wenig Ahnung haben. Wir schicken den Patienten zum Psychotherapeuten, weil wir seinen Schmerzen nicht beikommen und ihm deshalb sagen müssen, die Krankheit sei psychisch bedingt. Und welcher niedergelassene Arzt weiß denn, wie in einer guten multifunktionalen Rehabilitationsklinik gearbeitet wird? Und welcher Rehabilitationsarzt weiß von dem starken wirtschaftlichen Druck, dem der niedergelassene Arzt von verschiedenen Seiten aus täglich ausgesetzt ist?

Aber nicht nur die Krankheiten werden viel zu oft an ihrem peripheren Ende statt an der Wurzel behandelt. Der periphere Einstieg bestimmt unser ärztliches und sogar unser medizinpolitisches Denken. Deshalb sind auch alle Gesundheitsreformen der letzten 10 – 15 Jahre Reformen der Peripherie und nicht der Wurzel gewesen.
In allen Bereichen unseres Staates sehen wir Politiker, die die Wertvorstellungen breiter Bevölkerungsschichten repräsentieren, die dieselben moralischen und kulturellen Maßstäbe haben wie die Menschen, von denen sie gewählt wurden. So wird unser Gesundheitssystem sich erst ändern, wenn alle, die Kranken und ihre Ärzte und Therapeuten, den Weg zum ganzheitlichen Heilen angetreten haben.
Ich glaube nicht, dass hier nur Parteipolitiker oder im speziellen Fall Medizinfunktionäre gefordert sind. Wir selbst, die wir den Menschen am Grunde seiner Krankheit abholen, sind als Schrittmacher gefordert. Und ganz besonders sind wir Vertreter der spirituell-energetischen Heilweisen gefordert; wir haben die Pflicht und das Verständnis, den Weg nach Innen zu gehen, ohne den der Weg eines ganzheitliches Heilwerdens nicht passierbar ist.

E HAFENTHEATER

„Wenn man Liebe hat im Kampf,
so siegt man; wenn man sie hat bei der Verteidigung, so ist man unüberwindlich. Wen der Himmel retten will, den schützt er durch die Liebe."

(N. N.)

Wechsel der Dimensionen

Ich sitze im Intercity-Express der Bahn auf dem Weg von Hamburg nach Bonn. Man hatte mich nach Hamburg eingeladen als Sachverständigen zu einer Talkshow; Titel: „Wunderheilung ... nur Betrug?“ Eine Redakteurin des NDR rief mich an, stellte sich als Friederike Jonas vor und stellte Fragen über Fragen über Fragen. Von meiner Warnung, ich sei kein „unparteiischer“ Sachverständiger zu ihrem Thema, ließ sie sich nicht in die Flucht schlagen. Sachverständig ist sachverständig, meinte sie. Ich sollte etwas sagen über Geistiges Heilen bei Krebserkrankungen. Ein Talkgast habe vor drei Jahren seine Frau nach erfolglosem „Heilen“ an einem bösartigen Tumor verloren, ein anderer sei von einem Heiler von einem metastasierenden Lungenkarzinom befreit worden – schulmedizinisch bestätigt. Beim dritten längeren Telefonat sagte ich mittendrin zu Frau Jonas: „Ihre Stimme erinnert mich an Osterglocken.“ Aber sie hat offenbar die Gabe des Überhörens, wie sonst nur professionelle Top-Diplomaten sie haben. Dann kommt der 10. Mai, der Tag der Aufzeichnung in Hamburg Im Aufnahmestudio, in dem viele Menschen geschäftig hin und herlaufen, kommt eine Frau auf mich zu. Sie erinnert mich ein wenig an Pony Hütchen in Erich Kästners „Emil und die Detektive“.

„Willkommen, Dr. Bittscheidt. Ich bin Friederike Jonas.“ Etwa 35 Jahre alt, kurzes Haar, blond. Statt den Gruß zu erwidern, sage ich: „Sie passen zu Ihrer Stimme. Wie wäre es mit einem Kaffee?“
„Erst wird aufgezeichnet“, sagt sie und ist im nächsten Augenblick verschwunden.

Es wird ein gutes Gespräch vor den Kameras. Der Moderator lässt uns, den Gesprächsteilnehmern, viel Freiheit um uns auszusprechen; dennoch hält er die Fäden gekonnt in der Hand. Herr Pegelmann, als mein Gegenpart sozusagen, gefällt mir. Zehn Minuten vor Schluss des Gespräches sagt er zu mir: „So wie Sie Geistiges Heilen auffassen, kann ich das für mich gelten lassen.“ Und: „Sich selbst näher kommen, das ist ja schon ein Stück Heilung.“
Nachdem die Aufnahme beendet ist, will ich wissen, wie’s war. Frau Jonas steht da: „Es war zu fromm.“
„Unsinn“, sage ich. „Wird die Sendung nicht am Himmelfahrtstag ausgestrahlt? Und sind wir hier beim Kirchenfunk oder nicht?“ Der Moderator tritt hinzu. „Man kann’s erst beurteilen, wenn man die fertige Aufzeichnung sieht. Wie fanden Sie es denn selbst?“
„Ich fand’s gut“, erwidere ich, „Ich konnte alles sagen, was ich auf dem Herzen hatte. Und wir alle sind uns nahe gekommen.“
Die Sendung ist später hervorragend angekommen. Und etliche Patienten aus Norddeutschland sind in den Wochen und Monaten danach in meine Praxis gekommen. Ich bin immer gerührt über so viel Vertrauen und darüber, dass die Leute einen so weiten Weg auf sich nehmen. Und ich bin sehr dankbar, helfen zu dürfen dort, wo Hilfe möglich ist.

Seit etwa sieben Jahren holt mich ab und zu derselbe Traum ein. Es ist ein Traum vom Ende meines Lebens. Ich sehe ihn wie eine Bilderfolge, zu der ich aus jetziger Sicht keine zeitliche Beziehung habe.
Ich bin müde geworden und frage das Licht, das in meinem Leben leuchtet:
„Welche Zeit ist es?“

Das Licht sagt: „Die rechte Zeit. Es war immer die rechte Zeit in deinem Leben.“ Und das Licht fragt: „Hast du deinen Lohn empfangen?“
„Oh ja“, antworte ich, „es war genug.“
Das Licht fragt weiter: „Was war der Sinn über deinem Leben und deiner Arbeit?“
Ich sage: „Die Liebe.“
Dann wird das Licht strahlend hell, und hier endet der Traum.

Der ICE fährt jetzt laut Anzeige 184 km/h. Ich schaue zum Fenster hinaus. Nicht nur die Landschaft zieht vorüber. Auch Gesichter, Szenen, gesprochene und gedachte Worte und Sätze, Bilder aus Visionen.
„Habt Dank, meine guten Mächte, für alle Höhen und Tiefen, in die ihr mich bis heute geführt habt; Dank für meinen Weg und meine Umwege, die ihr mit mir gegangen seid; Dank für das Licht und die Schatten; und besonders habt meinen Dank für alle Liebe in meinem Leben.“
Ich habe auf diesem Weg vielen Menschen helfen können, manchen nicht. Aber am meisten wurde ich selbst beschenkt – durch die Entwicklung, die ich selbst nehmen konnte. Die Wegstrecke durch alles Schwere und alle Niederlagen hindurch musste ich gehen, weil dahinter Gott auf mich wartete. Deshalb heißt dieses Buch auch „Du deckst mir den Tisch“. Dieser Vers ist ein Teil aus dem 23. Psalm des Alten Testamentes der Bibel, und er lautet:

„Du deckst mir den Tisch vor den Augen meiner Feinde.
Du salbst mein Haupt mit Öl.
Mein Becher ist gefüllt bis zum Rande.
Es geleiten mich Deine Gnade und Huld
durch alle Tage des Lebens,
und wohnen darf ich im Hause des Herren
für immerwährende Zeiten.“

Ich habe Gottes Liebe gesucht in Romanen und auf Reisen, in Partnerschaften, Freundschaften und geheimen Bruderschaften, in Religionen und Lebensprogrammen, in Tempeln und Kathedralen; und gefunden habe ich seine Liebe schließlich auf dem Grunde meines Herzens.

Ein Appell

Ich wende mich an meine Kollegen, die Ärzte.

Am 28. Januar 2000 stand im Deutschen Ärzteblatt ein Aufsatz von Prof. Dr. med. Schmahl und Prof. Dr. C.-F. von Weizsäcker. Hieraus möchte ich folgende Aussage zitieren: *„In der Medizin sind bisher die radikalen Änderungen, die in der Naturwissenschaft durch die Quantentheorie als Grundpfeiler der modernen Physik erzwungen wurden, zu wenig beachtet worden. In der Naturwissenschaft wird eine substantielle Trennung von Subjekt und Objekt nicht mehr durchgehend aufrecht erhalten. Im ärztlichen Denken findet sich noch oft eine polarisierende Gegenüberstellung von Psyche und Soma. Wenn bereits in der Naturwissenschaft, als eine der Grundlagendisziplinen der Medizin, eine Überwindung des Dualismus von Subjekt und Objekt erforderlich ist, bedeutet dies für den Arzt eine große Ermutigung, auch in seiner Wissenschaft und seinem Beruf zum Teil noch bestehende alte Denkstrukturen einer strikten Trennung von Subjekt und Objekt (von Seele und Leib, d. Verf.) zu überwinden.“*

Ich möchte erinnern an die Physik des Elektrons, das, abhängig von der Anlage des Experimentes, als Körper nachweisbar ist oder immateriell als Welle, die räumlich und zeitlich nicht zuzuordnen ist; an die Steuerungsebenen des menschlichen Organismus, die mit den Grundlagen von Bioenergie und Bioinformation arbeiten oder an die Biophotonen, die in unserem Organismus Steuerungsfunktionen übernehmen und die auf andere Organismen einwirken können; und ich möchte erinnern an die Erkenntnisse der Quantenphysik, dass unser

Bewusstsein Materie steuert und beeinflusst und dass schließlich die Grenzen zwischen Geist und Materie fließend geworden sind.

Und ich möchte an uns alle, die Ärzte und die Menschen in anderen heilenden Berufen, die Frage stellen, woher wir bei all dem Gesagten noch den Mut nehmen zu glauben,
dass n i c h t liebende Zuwendung an unsere Patienten deren Gesundheit verbessert, im besten Teil ihnen Heilung bringt, und dass sich n i c h t mit der entsprechenden spirituellen Grundeinstellung eine Sinnerweiterung in ihrem Leben finden lässt.

Ich kenne so viele meiner Berufskollegen, die auch ohne ein Denken an die moderne Physik oder an die überholte Dualität von Seele und Leib täglich ihre Arbeit tun im Dienst der Menschlichkeit und in liebender Zuwendung an den Menschen, der vor ihnen liegt und ihre Hilfe braucht. Natürlich müssen wir uns dabei auch an wirtschaftlichen Zwängen orientieren, wer das leugnen würde, wäre ein Narr.
Oft denke ich hier an eine Onkologin, die mir sagte: „Wissen, Sie, im Bereich der Onkologie haben wir es natürlich häufig mit sehr kranken Menschen zu tun, die oft im Endstadium ihrer tödlich verlaufenden Krankheit stehen. Und immer dann, wenn ich an die Grenzen dessen stoße, was ich mit meiner ärztlichen Arbeit noch erreichen kann, wende ich mich mit einem noch viel stärkeren Mitgefühl diesen Patienten zu. Gerade in diesem Stadium komme ich ihnen menschlich näher, als ich es in der Zeit vorher gewesen bin. Und fast immer mache ich dann die für mich erstaunliche Erfahrung, dass es im körperlichen und seelischen Befinden der Patienten zu einer deutlichen, subjektiv und objektiv feststellbaren Besserung kommt.“ Ich glaube nicht, dass diese hoch spezialisierte und sehr fähige

Ärztin sich jemals mit geistigen Heilweisen auseinander gesetzt hat; aber den Sinn dieser Heilweisen hat sie vortrefflich beschrieben.
Es gibt Therapeuten, die sich auf das spezialisiert haben, was die Onkologin beschreibt: auf geistig-energetische Heilweisen.

Wie oft muss unsere Schulmedizin Patienten sagen: „Es tut uns sehr leid, aber Sie sind austherapiert. Wir können nichts mehr für Sie tun ...“, oder: „Mit diesen Schmerzen müssen Sie leben, wir haben doch alles versucht ...“ Oft haben wir dann versucht, die Symptome und die körperlichen Ursachen der Krankheit zu behandeln. Kümmern wir uns auch um den oft seelischen Mangel, der hinter den Krankheiten steht? Berücksichtigen wir alte seelische Verletzungen, Schuldgefühle, Einsamkeiten, Ängste, Verzweiflung? Geben wir den Menschen etwas, um ihnen den Sinn in ihrem Leben neu aufzuzeigen? Aktiviert unsere Therapie wirklich ihre Selbstheilungskräfte?

Lassen wir doch weit die Türen unserer Bereitschaft öffnen: Lassen wir zu, dass liebend motivierte Heiler die modernen Therapiesysteme unserer Schulmedizin um eine spirituell-energetische Komponente erweitern.
Ich meine, wir Ärzte können es uns leisten, einem groß angelegten Versuch in dieser Richtung beizustimmen. Wir haben eine starke Position, denn auch uns glauben viele Menschen, und die, bei denen wir erfolgreich waren, werden unsere Hilfe nicht missen wollen. Und für die, denen wir bisher nicht helfen konnten, stehen Heiler bereit, die nach allen fast unzähligen und umfangreichen Untersuchungen keine Traumtänzer sind, sondern erstaunliche Erfolge vorweisen können. Sie arbeiten in Schichten des Menschen, an die wir Ärzte oft nicht mehr herankommen.

Inzwischen arbeite ich, motiviert durch persönliches Erleben als Patient, selbst oft als Heiler. Ich kenne die „Heilerszene“ wie wenige Ärzte sonst. Und deshalb kann ich sagen: Die Seriösen unter den Heilern werden jede gute Chance begrüßen, gemeinsam mit den Ärzten zum Wohle der uns anvertrauten Menschen zu arbeiten. Die Heiler warten auf offene Gespräche, auf Meinungsaustausch in gleicher Augenhöhe und auf eine Zusammenarbeit unter Partnern.

LITERATUR

Bischof, Marco
„Biophotonen, das Licht in unseren Zellen", Verlag Zweitausendeins, Frankfurt/Main, 1995
„Tachyonen, Orgonenergie, Skalarwellen", AT Verlag, Aarau (Schweiz), 2002

Bösch, Jacob, Prof. Dr. med.
„Spirituelles Heilen und Schulmedizin", Buchverlag Lokwort, Bern, 3. Aufl., 2003

Brennan, Barbara N.
„Licht-Arbeit", Goldmann-Verlag, 3. Aufl. 1987

Chopra, Deepak, Dr.
„Die heilende Kraft", Gustav Lübbe Verlag GmbH, Berg. Gladbach

Cowens, Deborah / Monte, Tom
„Die Gabe des Heilens", Rowohlt TB Verlag, Reinbek. b. Hamburg, 10/1997

Davies, Brenda, Dr. med
„Chakras – Tore zur Seele", Aquamarin Verlag, Grafing, 2002

Edwards, Harry
„Praxis der Geistheilung", Hermann Bauer Verlag KG, Freiburg, 1976

Geisler, Linus / Mölk-Tassel, Bernd
„Der gute Arzt", in GEO-Wissen Nr. 30, Gruner und Jahr, Hamburg 2002

Hirschberger, Johannes
„Geschichte der Philosophie Bd. I u. II", Herder Verlag, Freiburg, 12. Auflage, 11/1980

Jäger, Willigis
„Suche nach der Wahrheit", Verlag Via Nova, Petersberg, 1998

Kehl, Medard
„Und was kommt nach dem Ende?", Herder Verlag, Freiburg/Basel/Wien, 1999

Klein, Stefan / Jacobsen, Sven
„... ohne Risiken und Nebenwirkungen", GEO, 10/2003

Korff, Wilhelm / Beck, Ludwig / Mikat, Paul (Hrsg.)
Lexikon der Bioethik, Gütersloher Verlagshaus, Gütersloh, 2000

Korotkov, Konstantin G.
„GDV Training Materials", St. Petersburg, 2002

Kyriacos, C. Markides
„Feuer des Herzens", Schirner Taschenbuch, Darmstadt, 2004

Ludwig, Wolfgang, Dr.
„Informative Medizin", VGM Verlag für Ganzheitsmedizin, Essen, 1999

McTaggart, Lynne
„Das Nullpunkt-Feld", Wilhelm Goldmann Verlag, München, 2003

Millmann, Dan
„Die universellen Lebensgesetze des friedvollen Kriegers", Ansata Verlag, Interlaken, 1996

Porter, Roy
„Die Kunst des Heilens", Spektrum Akademischer Verlag, Heidelberg/Berlin, 2003

Pothmann, Raymund (Hrsg.)
„Akupunktur-Repetitorium", Hippokrates Verlag GmbH Stuttgart, 1997

Robert, Sebastian
„Die neuen Heiler“, Herbig Verlagsbuchhandlung GmbH, München, 1999

Ropers, R. Roland
„Geburtsstunde des neuen Menschen“, Verlag Via Nova, Petersberg, 1998

Schmahl, Friedrich W., Prof. Dr. med. / Weizsäcker, Carl-F., Prof. Dr.
„Moderne Physik und Grundfragen der Medizin“, Dt. Ärzteblatt 97, Heft 4, 28.01.2000

Schwarz, Reinhold
„Hilfe für leidende Seelen“, in: *„Spektrum der Wissenschaft Spezial – Krebsmedizin II“*, Spektrum d. Wissenschaft Verlags GmbH, Heidelberg, 09/2003

Sheldrake, R. / Fox, Matthew
„Die Seele ist ein Feld“, Scherz Verlag/Bern/München/Wien, 1998

Simonsohn, Barbara
„Das authentische Reiki“, Scherz Verlag, Bern/München/Wien, 1996

Talbot, Michael
„Das holographische Universum“, Droemsche Verlagsanstalt Th. Knaur Nachf., München, 1992

Treugut, Hendrik, PD Dr. med. habil. / Doepp, Manfred, Dr. med.
„Energetische- und Informationsmedizin“, Sonderdruck DGEIM

Warnke, Ulrich
„Gehirnmagie“, Popular Academic Verlags-Ges., Saarbrücken, 1997

Werthmüller, Lucius
„Lebensenergie zwischen Mysterium und Forschungsobjekt“, in: Dr. H. Wiesendanger (Hrsg.): *„Geistiges Heilen für eine neue Zeit“*, Kösel Verlag GmbH u. Co, München, 1999

Weizsäcker, Carl-Friedrich von, Prof. Dr.
„Aufbau der Physik", Dtsch. Taschenbuchverlag GmbH & Co. KG, 4. Aufl., München, 2002

Wiesendanger, Dr. Harald
„Geistiges Heilen in Ärztlicher Praxis", Lea Verlag, Schönbrunn, 7/2004
„Das große Buch vom Geistigen Heilen – Möglichkeiten, Grenzen, Gefahren", Goldmann Verlag, München, 1997
„Geistheiler – Der Ratgeber", Lea Verlag, Schönbrunn, 3. Aufl., 2004

Wühr, Erich
„Chinesische Akupunktur und Moxibustion", Verlag für ganzheitliche Medizin Dr. E. Wühr GmbH, Kötzing/Bayr. Wald, 1988

„Wunschmaschine im Kopf", Der Spiegel, Nr. 43/2004,